序文

　先に発刊しました『感動をユーザーに』（埼玉新聞社）から5年が経ちました。その節は各業界より感想をお寄せいただきありがとうございました。

　前回は埼玉新聞社様の創刊70年記念としてお声がけをいただき、当初は6か月間の新聞連載の予定でしたが、終わってみれば1年間にわたるものとなりました。後日単行本化のご要望をいただき発刊に至った次第です。当社も戦後早々の設立で埼玉新聞様同様70周年を迎えるタイミングでした。新聞社の連載ということと、自動車販売の時代的背景もあり、腰が引けた内容になった感も否めませんが、専任のライターが私へのインタビューをうまくまとめて下さいました。

　当社と埼玉新聞社様とのご縁といえば、当社創業者である嶋田光衛も、フォード1世のT型時代から続く自動車販売の歴史を含めた連載記事を平成の始め頃までを書籍にさせていただいております。

　さて今回の出版ですが、私が誰にも忖度することなくゼロから自分で原稿を書き、自ら推敲を繰り返しました。その間、行きつけの居酒屋で偶然に知り合った市内在住の編集者で校正のプロである関口一喜氏にも原稿を見ていただき、校正を始め忌憚なきご意見や各面にわたり親切なご指導を賜りました。第7章を執筆していた頃、判型を横組にして単行本化するアイデアをいただき、このような形となりました。各章毎の内容を「販売」「交遊」などの単語に要約し標題に添えましたので、ご興味のある部分だけでもご高覧いただきましたら幸甚です。

　尚、挿入いたしました写真は、自分の趣味で70年にわたり撮りためたもののほんの一部です。一時は写真集を作ることを考えた時期もありましたが、所詮はアマチュアの自己満足の域であり、思いとどまりました。せっかくこのような機会ですので、章の間に私の撮影の基本「日本に残したい風景」を中心に何点かを入れました。記事と写真との関係は「坂」の風景以外は特段ありませんが、カレンダーをめくると月替わりで景色が変わるのと同じように見ていただきましたら幸いです。

嶋田　久仁彦

目
次

──

INDEX

──

第 **1** 章
〔街〕

池袋の幼稚園・小学校と

旧満州鉄嶺の遠足？

第 1 章

〔街〕
池袋の幼稚園・小学校と旧満州鉄嶺の遠足？

　私の幼少期は戦時下でもあり、今のような平時の時代とは学校行事の様子も全く違った。特に旧満州では。

　池袋の忠信幼稚園には昭和16年に入園し、1年だけ通い、昭和17年に池袋第五小学校に進学した。すぐ下の弟の久敬が昭和15年2月生まれ（後にトヨタ自工に入社。生産管理部を経てベルギーに駐在。帰国後3年で物故）。その下の弟の久義が昭和19年1月生まれ（後に東京トヨペットサービス課を経て池袋営業所。後年トヨタビスタ西埼玉社長）。

　それ故に幼稚園、小学校ともに母親が同伴したことはなく、父の兄弟の年長の姉である和田志んさんが全部同伴してくれた。

　伯母の自宅は我が家のある池袋から山手線で2駅離れた髙田馬場の、シチズン時計の反対側へ入ったところにあった。私が幼稚園に入園した当時は、父・光衛は東京トヨタで多忙をきわめ、久敬が1歳、小学3年生の頃は久義が生まれたばかりというこ

常栄寺雪舟庭（山口県）'99 春
撮影機種：マキナ 6×7　ニッコール 80mm -3.5

ともあり、伯母が遠足を始め母親代りを務めてくれていた。

幼稚園・国民小学校の出掛けた先は上野の動物園、千川の先の水道タンク（徒歩）、豊島園の三つだったと思う。いずれも戦時下で、徒歩か電車利用である。他に家族で行ったのは北区の名主の滝と、遠い所は東急本線・多摩川園には家族で数回行った思い出がある。浅草の松屋デパートの屋上や花屋敷も、今思うと懐かしい。

記憶の中で今でも残念に思い出すことがある。昭和17年春、日光に行くので家族で赤羽駅から乗る事にしたのだが、駅に入ってくる列車が満席で、2本の列車を見送ってみたが、結局乗車することができなかった。今考えると、何故山手線で始発駅の上野駅に向かい、そこから乗車しなかったのか不可解である。

武州行田に先祖の墓があり、盆か彼岸には赤羽乗車で今の高崎線に乗り、熊谷駅で秩父鉄道に乗り換え、行田持田駅を利用した習慣が身についていたからであろうか。この当時は朝出て帰りは夜9時過ぎていた。戦前は遠い所の印象だった。国内状況も物資が少なくなり配給制度ができて、戦前の日光東照宮のチャンスはなくなった。

昭和19年5月に父の赴任の関係で、高齢の祖母うらと姉を除いた家族5人で満州国に移住し、私は鉄嶺市小学校に転校した。姉が同行しなかったのは、鉄嶺には女学校（跡

見中学3年在学中、あけぼの会）がなかったからである。もし満州に渡っていれば、戦後帰国できたか想定できない状況だった。

　そこでの戦時下の外国での遠足にはビックリした。

　転校した秋（昭和19年・1944年）である。市の東にある八巻山へ行くと知らされたのは遠足の前日である。龍首山・龍尾山のふもとから丘陵地が緩い登りで、遥か前方の独峰が目的地であることは、歩き始めて1時間後に知らされた。

　この街道は奉天（瀋陽）に向かう樹木が一本もない古い街道で、右の丘は関東軍の実弾演習場で、まるで荒野を歩く行軍だった。口に出しては言えないが、兵隊になる前の軍事教練かと思った。

　学校を午前8時半頃に出発して、目的地の八巻山に昼前に到着し、お弁当を済ます。往復の間に4回休憩し、学校に戻ったのは午後4時近かった気がする。今思い出してみても、日本では探しても似た風景はない。軍歌に出てくる荒野である。

　翌年の春、朝礼で突然「今から紫河まで往復する」と言われ、戸惑った。市の北東方向の紫河（鉄嶺川）まで（法庫で満州南部を流れる大河・遼河に合流する）、龍首山の左の麓を目指して旧鉄嶺城内を通り抜けて、昼前に到着。初めて満州国・紫河を見た。河には氷が張っていてどこでも渡ることができた。

　持参した弁当の昼食を凍結した河の近くで済ませ、暫く休んだ後整列し、ヨーイ・ドンで全力で走って学校まで早く戻れと命令された。今思うとマラソンである。

　その時の胸の中は正に驚天動地である。コースは指示されていて、龍首山と龍尾山の間の峠を越え、山を下って、満州人が同じ様な曲で丸一日興業している芝居小屋の前を通る。

　あの頃、言われていた終りのない芝居である。その劇場から15分位先の朝鮮小学校の前を速足で通った時、石を投げられてびっくり。必死になって上級生の背中を見て走った。

　この行事の参加対象は6年・5年・4年の3学年であった。2度驚いたことに、学校に到着した時に、運動場の入口に机があり到着順に学年に関係なく学年と名前を記入した。先生が2人待っており、私は小学4年生としては中間位の着順のようだった。

　かかとが半分すり減っているスリッパ状態の運動靴を当日履いて行き苦労したことが今でも思い出で残っている。東京では新しい靴の配給がなかったのである。

　春の陽気も進み、街路樹のアカシアの芽が出る頃、河の氷はまだ少し残っていた。今度は禿山に植樹する行事があり、この時は紫河が増水すれば一回で流失する様な橋を渡り、丘陵地に1人1本ずつ植栽した。1尺近く穴を掘り、苗木を1本植え、水はな

いので土を戻すだけである。1人2本迄配ったと記憶している。この行事は転校した年と、敗戦の昭和20年の春の都合2回経験した。この時はヨーイ・ドンはなかった。

　このような経験は学校行事の遠足の類なのか。未だもってわからない。

ウォルスブルク市街（ドイツ）'00 夏
撮影機種：マキナ W　ニッコール 55mm F4.5

第 **2** 章
〔街・巷〕

戦前・戦中の池袋の思い出・

その 1 〜 3

第2章

〔街・巷〕
戦前・戦中の池袋の思い出・その1〜3
その1

　埼玉新聞の連載（後に平成28（2016）年12月に『感動をユーザーに』埼玉新聞社より出版）では、生まれてから幼少期を過ごした東京・池袋について少し触れたが(P35)、戦前の状況（昭和15〜16年）、といっても、大東亜戦争が始まる頃である。

　その頃の池袋駅周辺と現在（昭和末期〜平成20年代）では全く景色が異なるのは当然だが、戦後の昭和30年ぐらいまでは山手線（通称「やまて」線とも呼んだ）内では異色の駅の一つと思う。山手線内では新宿と共に、東口、西口ともに大きく様変わりした。

　池袋の昭和15〜16年頃の戦前、戦中は西口が主体で、当時の事を父に聞いた記憶では、区民の特質は中堅サラリーマン、上り屋敷駅周辺の画家、そして軍人が主で下士官止まり。この章を書いている際（平成30年3月中旬）にテレビ番組で「池袋モンパルナス」というタイトルで放映していた場所は、昔の2丁目あたりか。

　土曜日午後には、陸軍の自宅通勤の兵隊さんが麻布の連隊帰りで、神学院の長い長

浅草寺五重塔とスカイツリー　‘11 秋
撮影機種：LUMIX G2（パナソニック）デジタル
G.ASPH 14mm ／ 2.5

い万年塀の西側の道を、東長崎方向へ帰るのをよく見かけた。上空では陸軍の戦闘機
3 機編隊『隼』の爆音がよく秋空に響いていた。

　神学院の北側通りに面した当時の住まいの西隣 2 軒目の「野辺地」の表札のある家
から、毎日、夕刻前にピアノの音が聞こえた。短い曲を弾いていた。今から思うとショ
パンの曲だったかもしれない。父との散歩や銭湯の帰りによく耳にした。銭湯は戦争
が始まり練炭が少なくなり、谷端川に架かる霜田橋と幼稚園の間の銭湯に行った。そ
こが休みの時は谷端川の高松の「大黒湯」（と記憶している）へ行ったが、戦後もいと
この高松の家から 1 分なので、よく利用した。

　門の正面に、道路に面して岩崎さんという海軍軍人さんのお住まいがあった。戦争
の始まる年に、潜水艦長で海軍中佐（伯父の自伝によると、後に退役大佐）と聞き、
佐官が目の前にお住まいということに驚いた記憶がある。

　土曜日に隊から家に帰る下士官と兵隊さんが何人も通る中で、下士官 1 人と星 2 つ
の兵隊さんはいつも二人連れで、道路の中央を肩をいからせ威張って歩いて、近隣で
は不評だった。

　私は密かに、この二人の兵士が前のお宅の中佐と偶然に会う機会を待っていたとこ
ろ、半年後、正にバッタリ顔合わせとなった。

　道路の 30m 程先に神学院の北門があって、かの二人はそのあたりで直立不動で敬礼したまま立ち尽くし、氷結した噴水の様だった。

　何人かの隣組の人達がこの場面に偶然居合わせて、普段は威張りくさって道路の真ん中を闊歩しているのに良い気味だと溜飲が下がる思いだった、と繰り返し話題になった程だった。

　春秋に隣組の人達でお送りすることが度々あったが、勤務に戻る時は海軍旗を付けた乗用車かサイドカーでお迎えが来ていた。

　岩崎中佐は近隣の皆さんにはいつも丁寧な対応で、「行って参ります」と敬礼と挨拶を毎回なさった。祖母うら（埼玉県旧須加村長谷川の出、明治 4（1871）年生まれ。兄弟 8 番目の末子）からは「本当に偉い人は無暗に威張らないものだよ。あの方は立派な方だ。お前も見習いなさい」と諭された。

　大東亜戦争（1941 年〜）が始まって間もなく、我が家はその場所から 5 軒先（池袋 3-1566 番地）の同じ隣組の 2 階建に引っ越した。

　6 室と台所、風呂場、物置があった。岩崎中佐のお宅とは回覧板は同じブロックになったが、少し離れたのが残念だった。中佐のお宅には九官鳥がいて、「オハヨー」をはじめ 3 種類くらいしゃべったのを覚えている。

　当時は戦勝（日中戦争）すると提灯行列が祥雲寺坂下より上へ登って来た。日支事変以後、3回の提灯行列を見る事ができた。今思うと、その時は意気揚々の行列で賑やかであった。

　ラジオからは奉祝国民歌『紀元二千六百年』が「金鵄輝く日本の　榮ある光身にうけて」と四六時中流れていた。やがて大東亜戦争が始まり、池袋へ向かう改正道路（現在の環状6号線）の坂下（高松）を上ると祥雲寺で4月8日には甘茶が出た。期待して祖母と行ったが、それ程甘いものではなかった。

　忠信幼稚園へ曲る左角に大きな門構えの屋敷（戦後法務省の寮になった）があり、反対側の道路の先は池袋第5小学校へ行く道で、角は池袋駅へ戻るバスの用地があった。学校の北門の西角に平井大郎（江戸川乱歩の大きな屋敷林）邸、通りをそのまま行くと矢部病院（日吉慶應高校の同期、当時鏡里のタニマチ）、家庭市場へと続く。

　この先にビリヤード、この反対側（南側）に大衆食堂で有名な店があったが、名前は失念した。

　祥雲寺の西側に隣接する家は、自分の生まれた家で、お寺のお蔭で戦後焼け残った。次が前述の岩佐（中佐）邸前。3年後、5軒先の1566番地へ移り、3回引っ越しとなり、

幼稚園は忠信幼稚園で、池袋第5小学校に進んだ。

　姉は坂下の谷端川を左へ渡った千早町7番地の時に生まれ、坂下を含めると4度目、同じ所を先代は4回引っ越した。

　矢部病院（池袋駅へ向かって左側）あたりから駅へかけて、道路南側（右側）に、月に2回ほど縁日がたった。

　月並みの金魚すくい、ゴム鉄砲、山吹鉄砲、お面など。昭和17年の夏を過ぎると、「1粒300メートル」のグリコの箱の中は4つ少なくなり、カサカサした森永キャラメルも心なしかエンジェルが小さく見え、同じように数が8粒に減ったことが思い出せる。

その 2

　新聞連載を書籍化する際には、東京トヨペットで 1 年後輩だった木村克治氏に、写真や資料などをいろいろご提供いただいた。無事書籍を上梓し送付申し上げたところ、昭和 9 年頃の、池袋一帯がまだ旧「西巣鴨」の地名であった頃の古い池袋の地図を送っていただいた。

　昭和 10 年生まれの私には、道路の拡張・発展は想像以上で、道路が街を発展させる要素の一つということがよく解った。

　昭和 16 年頃の池袋駅前に『東京パン』があり、2 階がレストラン、1 階部分にはバスの方向転換をするターンテーブルがあった。

　祥雲寺前～池袋西口と、東長崎地蔵堂～池袋西口（立教大前経由）の 2 路線があり、『東京パン』の 1 階で、路線バスの前後をターンテーブルで方向転換させていた。

　池袋第 5 小学校時代の同級生の石川敏康君（P25 後述）から、先日二度目にお会いした時に、池 5 小の同期に頼んで手に入れた昭和 16 年開戦前の池袋の地図をいただいた。5 万分の 1 のその地図を読みとると、もう 1 本バス路線があったことがわかる。池袋駅から池袋 2 丁目へのバス路線があり、ときわ通り・二業地・御嶽神社方向と思う。

　東上線の池袋駅を出入りする貨物は旧国鉄の東北本線で活躍した明治の蒸気機関車、

山高帽子を上へ伸ばしたような煙突が特徴のピーコック社のテンダー2Bタイプ（通称「ピーテン」）と、ネルソンが牽引して、貨物を池袋駅の一番西寄りの貨物ホーム（戦後しばらく川越・寄居方面のホームとなった）へ出入りしていた。

　池袋第5小学校2〜3年生の頃、毎週土曜日の午後には、私は大踏切近くの東口へ渡る大ガードの入口の上で、枕木を並べた柵の間から、蒸気機関車の出入りを眺めていた。

　昭和51年頃、解体した蒸気ロコの部品の即売（会）が東武百貨店であった。

　ベイヤー・ピーコックの2軸目の動輪カバーには黄銅色の真鍮の帯状半楕円板に鮮やかに「Beyer, Peacock & Co. Ltd.,」と半円状のプレートにプレスされており見事な工芸品だ。

　そのプレートの左側が1枚120万円で、昭和52年頃、東武百貨店7階特設売り場で東武鉄道の貨車・部品用品、機器類の即販展示してあった。当時は手が出なかったが、今にして思えば惜しい事をしたと思う。戦後、命あって満州から引き揚げた私にとって思い入れのある、脳裏に残る印象である。

　それが敗戦後の昭和22年に、仮住まいの朝霞・志木駅の構内に入線した上りのピーコックに再会した時に感動が再び甦るのである。

大東亜戦争が始まり、板橋寄りのガードの東出口・右側と豊島師範学校の正門の右側に、千人針を縫う布を持った婦人が毎日3〜4人並んで、通行人より穴あきの5銭銅貨を寄付で受け取り、白布へ縫い付けていた。戦地に送る千人針である。

東口は『武蔵野デパート』（現在は西武百貨店）に国鉄の改札口があり、改札を出た正面のはるか先200mのところに、都電17番の停留所があった。行先の表示は神保町、東京駅八重洲口、数寄屋橋である。

停留所の先、戦後の人生座あたりは戦前は左右に何もなく、雑木林ではあったが蝶々やトンボもロクに飛んでおらず、パラッと撒いたような雑木と瓦の瓦礫が何故か目についた。

豊島区役所へ向かう道は日勝館、ラジオ店、鬼沢小児科病院があり、五叉路の先の山手の貨物線（現在切通しになった）の踏切を渡り飛鳥山へ向かう道がメイン道路で、それは今も変わりない。東口の駅前には、今はもうないが、戦後出来た池袋三越の奥に戦前は映画館が2軒あった様な気がする。

早稲田 ─ 三ノ輪の都電は「王子電気軌道」と称していたように記憶している。当時は17番の市電（都電）に乗り、日ノ出町2丁目駅で王子電車に乗るのが池袋の一般

的な利用法で、主な行先は大塚の癌研、春の桜の飛鳥山、王子の名主の滝だった。この頃、遊園地といえば「豊島園」で、遠足でも行ったこともあるが、東京トヨタの会社の運動会でも何度か行った。遠い所では、東急本線の多摩川園遊園地だった。

　雑司ヶ谷の鬼子母神へ行くのは遠回りで、池袋西口の人達は、池袋の目白寄りのびっくりガード経由だった。

　東口にはこれといった建物も商店もなく、恩田茶店、キンカ堂、新栄堂などはいずれも戦後である。護国寺の青い屋根は、首都高5号線が出来るまでは東口からよく見えた。

　旧豊山中学校（真言宗・豊山学園）へ通っている時は、池袋東口終点には都電（17番）の営業所がなく、16番の大塚駅 ― 錦糸町線の車庫がある大塚辻町の営業所でないと、定期券は購入できなかった。毎月末になると大塚仲町にある鉄道模型店「つばさ」と大塚辻町近くにある模型店（エンジン用飛行機が主力）に立ち寄るのが楽しみで、定期券は二の次であった。

　この頃は大塚駅から板橋駅、その逆も真っ直ぐ見透かせる眺めであった。大塚仲町の高台にある消防のタワーは、通学していた高2の頃は、板橋駅のホームからよく見えた。私にとってはその日の天気のバロメーターだった。戦災から永い間復興してい

なかったからで、全く広い広い空間があった。

　後述する池袋の闇市の中の模型店で O ゲージのレールと、取り付ける枕木をバラで買ったのが、後年、趣味の域を超える程に凝った鉄道模型のスタートとなった。

　父と散歩で東長崎あたりまで行くと、帰りは武蔵野線（現西武鉄道）の上り屋敷駅か椎名町駅から池袋駅へ戻って帰宅した。

　この静かな住宅街の中にある「上り屋敷」という小さな駅は池袋 ― 椎名町の間にあったが、戦後廃駅になった。

　同じ様に、東武東上線の「東武堀之内駅」は戦前にはあったが、昭和 20 年の東京大空襲で焼失し、しばらく廃駅だったが、昭和 26 年に「北池袋駅」として復活した。

　山手線から始発駅とする私鉄の最初の駅は、何故か戦後廃駅が多い。西武飯能線は「上り屋敷」、東武東上線「東武堀之内」、東急本線は「並木橋」、京成本線「上野動物園前」（前と表示しているが地下ホームだった）などである。

　東長崎は昭和 23 年の「帝銀事件」で有名になった場所である。黒の板塀で囲まれた

帝国銀行椎名町支店は、大きな住宅の改装と思われる。この付近は戦火から免れた一帯でもあった。

　隣接の道路はいまの環状6号線（当時未完成）のことで熊野神社前や高松から続き、現在の西武線は当時は踏切で、帝国銀行椎名町支店は駅へ行く脇の道端にあった。

　高松の奥は千川で、千川と板橋の通称、水道タンクとの間に高射砲陣地があり、サーチライト（照明燈）2基と聴音機（楽器のチューバの形を4本重ねた形状）、そしてあの細く長い砲身（6cm口径か）では、B29の高度には届かなかったのでは、と戦後思い出した。（伯父の自伝によると、B29を撃墜したとある。）

　実は先日、こんな奇跡的な出会いがあった。東京トヨペット時代の後輩の鈴木浩君（拙著『感動をユーザーに』P197）の武蔵大学の同期である石川敏康君は、私と同じ池袋第5小学校の出身で、私と同学年だという。

　鈴木君の紹介で先日初めてお会いしたのだが、聞けば彼は3組で、担任が産休で私の1組に一時的に編入したという。話題の中で共通点が出た。

　その後私は昭和19年5月に満州鉄嶺市に渡り、その年の秋、石川君たちは集団強制疎開で信州山田温泉に移ったという。そこでの火災で、8名の同級生が亡くなったそうだ。運命とは何であろう。B29の空襲の話にもなり、彼の住んでいる池袋本町2丁

目では、目の前にB29が墜落したと語った。

　池袋西口を代表する建物は、駅に近い旧東京府豊島師範学校であると思う。昭和18年に「東京第二師範学校」と改称した。何といっても学校の面積は大きく、池袋駅の西口は立教大学と師範学校が代表といえる。

　戦災で師範学校は焼失し、戦後にその学校は廃止になった。池袋第5小学校も焼失し、同じ所で再建しなかった。

　池袋第5小学校の生徒と師範学校の生徒との仲が悪く、下校時にしばしばケンカになり、朝礼時に何度も注意された。集団登校時の朝は第5小が優勢で、下校が一斉の師範学校は午後になると数で勝っていた。反対方向に帰る当時の私は、話だけで現場は見ていなかった。

　後年、埼玉では浦和中学校と埼玉県師範学校も国道17号線で向かい合っていて、同じ様な話が、佐藤紅緑の小説『あゝ玉杯に花うけて』に出てきて懐かしかった。

　戦後、私が満州鉄嶺から戻った時には、豊島師範学校の跡地は全て闇市が占めていたと思う。

　池袋3丁目の留守宅を焼け出された伯父は、戦火のなかった高松1丁目32の谷端川

沿いに引っ越した。その従兄の家に遊びに行く時は、母の作った木綿袋（※注記）に米3食分を入れ、月に1回、土曜日の午後に遊びに行き、日曜日の午後の帰りの道すがら闇市の中を毎回通った。日用品をはじめ店の数は150軒以上（昭和21～22年）ともいわれた。朝・夕となると電車の屋根、連結器の上に人が乗る状態の時に、毎月池袋へ行ったのは焼失した第5小が再建築するのを期待したからであった。

　中程の道は4～5本あり駅に向かっていた。小学生の私と従兄弟の誠一の狙いはアイスキャンディーで、店で買うとミカンとイチゴは1本10銭だが、アズキアイスは15銭だった。パチンコ屋では玉15個でアズキアイス1本と交換してくれるので、1ゲーム10球10銭を投資して、15玉を狙うのが目的だった。

　パチンコ台には玉が4つ出る「本塁打」が1箇所、「3塁打」の口が台の一番上の中央に1箇所、「2塁打」が台の下に4箇所あったが、もちろんそこにはめったに入らないようにできている。3～4回に1度はアズキアイスを手にすることが出来た。

　当時のパチンコ台は戦中戦前のゲーム機（家庭市場の入口）の延長程度の玉の出数で、従兄と二人で10銭の元手で15銭のアズキアイスを手にすることができた。そんな時は思わずにっこり。何も無い時代の達成感は今は味わえないものとなった。

（※注記）

　戦後の昭和27年頃迄は食糧難で、学生の下宿する私鉄沿線の食堂は「米飯提供の表示」と、店は米飯食券が必要で、そのような状況は私が大学2年生の頃（昭和32年）迄続いた。昭和21〜22年は都内に米の配給はほとんどなく、米軍の放出物資が主な食料で、軍用の缶詰と小麦粉が少々配給されるのみで、足りない分は都内より地方へ「買出し」に出かけた。

　着物と米を交換したのはこの時代で、次々に身ぐるみを剥いでいくので「竹の子生活」と称した。炭も薪も背負って電車に乗る姿（経堂に住む伯母）はごく普通であった。実際、昔遠足に何度も同行してくれた伯母は、昭和20〜24年に行田から炭俵を背中に自宅の小田急経堂まで乗っていた。旧豊山中学の修学旅行は当然のことながら米は各自持参で、京都の宿も奈良の宿も木綿袋に各自宿泊毎に分けて宿で渡した。

その3

　池袋駅の近くに行くにつれ闇市は無くなり、露天商が焼け跡に並んだ。駅に向かって右側、現在の『メトロポリタンホテル』と西口公園あたりまでは闇市があったと思う。

　従兄が駅へ送ってくれる日曜日の午後４時頃は、３輌編成の寄居行きの急行は、子供の力ではドアのステップからの乗車はとても無理で、２輌目の大正製のサハ客車（ダブルルーフの屋根、出入口は前後のステップ付）の窓から這い上がって乗った。

　もちろん大人が後ろから持ち上げてくれるか、窓から腕を引いてもらい足を側面に押し付けて、やっと乗れたのであるが。夕方５時過ぎの電車ともなると車外の屋根に乗る人が７〜８人、日によっては15〜16人いて、朝霞の黒目川岸の、当時私たち家族の仮住まいの家から見える朝霞・志木間（25/1,000勾配）の夏の期間に、下りの電車の屋根に乗っている白の開襟シャツ姿の人達を称して「白鷺」と呼んでいた。

　枕木は３本に１本は傷んでいて、よく脱線しなかったものだと、当時も今も振り返って不思議に思っている。

　陸軍の朝霞士官学校の跡へ第一騎兵師団が入り、毎週続々と人員が増えていった。池袋駅の武蔵野線側（現在の西武池袋線）と、現在埼京線のホームがある位置には、

米兵が乗った白線の帯がある『オハ35』型客車が5〜6輌、週2〜3回待機していて、東上線へ渡る待機線に最初の頃は米国製の凸型ディーゼル機関車、その後は旧国鉄C58蒸気機関車が牽引して朝霞と往復していた。（国鉄型DD13型凸形は、米軍が持ち込みのDDがモデルと思う）。

　駅名が戦後3度変わった「和光駅」は、当時は「新倉駅」だった。降車口は西側のみ、改札口の正面は麦畑で、その向こうは陸軍被服廠の関連する工場があった。

　母の一番下の妹（私にとっての叔母）は18歳の時、この軍需工場へ飛来した米軍艦載機の銃撃で即死した。

　周囲は畑でホームのスロープを降りて直接線路を渡ると駅舎で、戦後の足尾線、吾妻線の駅舎を狭くした程度だった。

　今では東武東上線と東京メトロ有楽町線・副都心線も乗り入れ、全く別の世界になった。今の人達には、戦前の風景は全く想像すら不可能と思う。

　その新倉の西に川越街道（現旧道）があり白子坂が北へ向かって登りで続く。坂の右上の台地は小石川（文京区）の跡見学園の農園で、姉の佐登子（池袋第5小卒、5・6年生の時は副級長）（跡見3年生）は農園の作業は苦手だった。

　昭和19年の5月、満州鉄嶺へ渡る前に馬車の荷車の上に乗り、疎開と同じ様に家財と一緒に、現在の北朝霞駅（武蔵野線）朝霞台駅（東武東上線）の北側に、母親の伯母が嫁いだ大きな農家であった萩原宅の2階の空き部屋へ運んだ。

　池袋3丁目（戦後5丁目）の自宅から熊野神社、板橋の五本けやき、成増の降り坂と続き、朝8時に出発して夕方4時半頃に着いた時には陽は西へ下がって、荷降ろしが終わる頃は岡の不動尊一帯は夕景となった。

　川越街道の両サイドの広々した農地を眺めながら、荷台の荷物の上で握り飯を食べ、戦況の実態を知らされない国民の一瞬ともいえる時間であった。

　永く退屈な一日で、戦時中であったが一生味わう事のない体験だった。その時すでにミッドウェー海戦（昭和17年6月）に敗けていた事は、戦後しばらくしてわかった。

　父・光衛が天津のトヨタの戦時中の組立工場である旧フォード（拙著「感動をユーザーに」P29」）工場で旧知であった当時の軍属である九里検一郎氏（北支駐在13師団）は、後に昭和28（1953）年創立の東京トヨペット株式会社の専務になられるのだが、当時の戦況をご存知であったのか、私は伺う機会を逸したことを後悔している。

化野念仏寺（京都市）'09 秋
撮影機種：Fuji GF670 Professional 6×7　フジノン EBC 80mm 3.5

第 **3** 章

〔街〕

戦後の渋谷・原宿の

思い出あれこれ

〔街〕
戦後の渋谷・原宿の思い出あれこれ

　私が渋谷・原宿駅周辺を歩いたのは、敗戦のイメージが薄くなった頃で、日吉の高校に通っていた頃（昭和28・1953年）からである。

　今の渋谷の道路は宮益坂はかなり広くなったが、道玄坂はそのままで、他の道路は少し広くなっているが、原宿はそのままである。渋谷公会堂はその頃はなかった。

　原宿の戦前の代々木練兵場は、戦後進駐軍の駐屯地「ワシントンハイツ」の名称で米軍の宿舎が並んだ。その後、東京オリンピック（1964年）を機に跡地に岸記念体育館ができ、屋根の形が際立っていたが、当時雨漏りのニュースをたびたび聞いた。

　大学1年生の土曜日の午後、渋谷駅から山手線の外側の道を散策して原宿駅までたびたび歩いた。旧練兵場の台地の外れに、米兵の歩哨が銃を持って立っている姿を目にした。「どこの学生か？場所は？」と聞かれ、法律F組で同じ浦和へ帰る菅原、布施両君が私に引き続いて会話するが、訛りがひどく、対話にならなかった。米軍には慣

竜安寺 紅八重枝垂れ桜（京都市）'09 春
撮影機種：マキナ 6×7　ニッコール 80mm

れた頃だが、先方から声をかけてくるのがなんともアメリカらしい。

　NHK が日比谷の内幸町から移転したのはオリンピック以後で、有楽町の日劇から会場を移した紅白歌合戦の「NHK ホール」ができた。日比谷公会堂から NHK 交響楽団の定期演奏会も移ったが、オーケストラの音響には満足に至らないと思う。残りの広い土地は、植栽して公園緑地に変わった。

　NHK ホールに行くために原宿駅で下車したが、この頃には内回り山手線が代々木から駅に入る前、左側に宮廷ホームが白いつくりで、フェンスも白で目立った。昔のタイプの低く短いホームで、旧車輌分の短いものだった。山手線〜赤羽線を経由して東北方面を利用したことがわかる。現在 2020 年東京オリンピックに向けて原宿駅は大規模な改修がおこなわれているが、この宮廷ホームはどうなるのか気になっている。

　同じこの頃、外回りには明治神宮に参詣するために正月にだけ使われる、臨時の屋根なし木造ホームができた。

　私が原宿で見た光景で忘れることができないのが「竹の子族」だ。昭和 55（1980）年頃、中学生〜高校生くらいの若者が、カセットデッキで音を出し曲に合わせて路上や公園で踊っているのを見た。あのピラピラしたカラフルな色彩は、今でも目に残影

となっている。当時私は NHK ホールで海外の音楽家が来日公演をおこなうたびに原宿に足を運んでおり、この「竹の子族」をよく見かけた。彼ら彼女らも今では 50 代を超えたのだろうか。現在、平成の終わり頃は、渋谷駅前のスクランブル交差点でハロウィンなどの催しに合わせたバカ騒ぎの報道をよく目にするようになったが、当時の「竹の子族」の方が遙かにましだ。私にはわからないが「文化」がある。店で買うのか自作なのか、中国の高地の民族も驚くような特異な色彩の衣装であった。

　原宿駅を降りて明治通りまでの道は店らしきものは当時（昭和 28 〜 32 年頃）皆無である。この通りの東側の住宅地（この先は千駄ヶ谷）は戦災跡がかなり残っていた。住宅の基礎がその名残で、今のような街区表示は住宅のある場所に限られた。

　渋谷は、高校・大学の通学乗換駅の一つだった（昭和 28 〜 32 年）。道路に関しては、天現寺方向へ流れていく川（渋谷川）の暗渠の上に、代々木から渋谷にかけての一部に道路と 2 階建ての建物が昭和 30 年頃に出来たぐらいで、強いていえば、東急本店通り付近の井の頭通りが広がり、周辺道路が拡張したぐらいだろうか。

　国道 246 号が首都高速道路の発展とともに、山手線をブリッジで越えたのが道路では大改革と考える。かの名物ハチ公の像もこの頃に渋谷駅南口に移されていて、知人

と待ち合わせたのだが見つからず、唖然としたことがある。上野の西郷さんと薩摩犬を不忍か寛永寺の方へ移したら、世間は何というか想像してみた。

　通学していた頃の渋谷駅（旧国鉄）の改札口は西口のみで、改札を出ると都電の停留所の３ホームが行先別になっていた。低い島ホームを出ると、都電のレールは急カーブで右へ曲がり山手線のガードをくぐった。山手貨物線との間のガード下には交番があった。なぜこの場所にあるのか不可解である。

　かつての都電が道路に向かって急に曲がったところに１本の常緑樹があり、近年かなり大きな樹木に成長した。線路がなくなって植えたものである。

　土曜の午後の下校時、現 JR の渋谷駅改札前（現在の西口）に来ると、老婦に「学生さん、東横線の乗り場がわからない」と二度、三度ならずたびたび聞かれる。若い方だと「ガードをくぐって右へ入って下さい」で済んだが、老人となると都電の出入りと乗降客が溢れ、雑然とした人混みで不安が横切る。

　「僕が案内しますよ。」と言ってガード下の交番を右手に見て通り、東横線の階段が目に入った所で上へ上ると出札口がないので、右の出札口へ案内する。ご高齢の方である事と行先を駅員に告げ、案内を引き継いだ。

このことを繰り返していると、同じ時刻に下校するクラスメイトに、「シマダ、忘れ物か」と必ず言われる。「道案内だ！」と返すと「お前、また今日も道案内か」と言われた。

　高校3年の終わり頃、東横線への渡り口が出来た。切符売場は階段下にある。今度は切符売場である。まったくサービス精神がない。これを書いた時、東急は地下に入った。

　その頃の映画館街は道玄坂の左側と三軒店（だな）にあった。ニュース専門の映画館の料金は15〜30円の頃である。都電は6番（霞町・溜池・新橋）、9番（三宅坂・数寄屋橋）、10番（三宅坂・九段・須田町）、東口からは34番（天現寺・古川橋・金杉橋）の4本で、山手線の駅として新宿（11〜14番）と同数で池袋〜品川のトロリーバス（※注記）（明治通り、102番）が走った。

　戦後のレコード音楽の喫茶店が三軒店に1軒あり、駅前の都電が右へ曲がる正面にもあった。ビアホールは夏の期間（7月上旬〜9月上旬）で、道玄坂と現在の東急オーチャードホールへ行く道の間にあり、店構えは野天のよしず張り、足元は砂利であったが、それでも十分に清涼感があった。キリン、サッポロの2店があったと思う。土

曜の午後によく立ち寄った。

　現在ある東急への通りに鯨のジンギスカン・ステーキの店が出たのはこの頃で、今の建物は 3 代目で、昼は 150 〜 350 円あれば楽しめた。この頃に東急西館に「味の名店街」がオープンしている。店数は当初は 7 〜 8 店あり、コーヒー店で初めて自分で豆を選んで、好みで挽いてもらったのが『スマトラマンデリン』と『キリマンジャロ』と記憶している。そのころのコーヒーは米軍の M・J・B 缶が主流で、音楽喫茶ではブレンド 80 円とブルーマウンテンで 50 円の差があった。

　浦和（現さいたま市）では、旧中山道沿い、須原屋書店の前のコーヒー店『八百茂』が、毎日ブレンドの配合比を日替わりで路上に出した黒板に表記していた。

　昭和 30（1955）年前後は、戦後復興として特筆すべき時代と思っている。昭和 26 年、桜木町駅構内で発生した「桜木町事件」は、戦後製造のモハ 63 系車両の火災で、その構造上、3 段の窓から乗客が外に逃げることができず、被害が拡大した。

　昭和 28 年頃のトヨタのタクシー車は「スーパー」と呼ばれたトヨタ R 型 1500cc のセダン。都内を走ったボディーは関東自工、三菱、三菱中重の 3 種類があり、強引な

運転で悪名高き「神風タクシー」の名称が始まったのもこの頃からである。

　車の足回りは、乗り心地重視のセダンといえど、まだ前後板バネが主流であった。現在15代目（2018年）になる初代のクラウンが昭和30年に登場し、フロントはダブルコイルバネ、リヤは3枚リーフバネであった。3枚リーフバネは折れるといわれたが、戦後のシボレーの大型車もリヤは3枚リーフであったが、折損した話はなかった。

　戦後10年で出現したクラウンは当時としては完成度の高い車で、悪路に滅法強かったが、いかんせんコラムの前進3段の1500ccでは力とスピード加速には限度があった。スピードメーターも90km/hを超えると、針が左右にぶれた。

　渋谷の東急デパートの屋上から見下ろして、今のスクランブル交差点を走るクラウンの屋根を見かける様になったのは、昭和30年の夏頃である。（拙著『感動をユーザーに』P166）。

（※注記）トロリーバス＝無軌条電車

　都営トロリーバスは昭和27年に開業。上野－浅草（100番）、池袋－渋谷（101番）、品川（102番）、池袋－浅草（103番）、池袋－亀戸・平井（104番）が走った。103番

104番の車輌は池袋の明治通りの踏切を渡るので補助エンジン付で、渡る時に架線ポールを外し、ディーゼルエンジンを始動し、渡りきると架線集電に戻す。エンジンが始動できない時は後ろのバスが来るまで待つか、上りなら徒歩で池袋駅へ歩く。通勤利用者は当然大幅の遅れとなる。私自身は会社帰りに池袋に向かう時2回エンストを経験した。

　現在は旧山手貨物線（赤羽－田端－池袋＝湘南ライン）は切り通しになり、踏切は解消したが、明治通りのトロリーバスのディーゼルエンジン音は、今では騒音では通用しないくらい大きかった。20馬力くらいの出力であったか忘れたが、せいぜい200mほど走る程度だが、あのうるさいディーゼル音は忘れられない思い出である。

第 **4** 章
〔車の歴史〕

上野不忍池・弁天堂記念碑由来と

「東京自動車三十年会」の名簿

第4章

〔車の歴史〕
上野不忍池・弁天堂記念碑由来と
「東京自動車三十年会」の名簿

　昭和40年代の中頃、父・嶋田光衛から「東京自動車三十年（みそじ）会」の話を聞いた。この会は昭和28年に結成され、大正の関東大震災あたりまで遡り、当時東京市内で何らかの形で自動車に従事した人たちが会員であった。もちろん父も名を連ねている。個人で運送店を開業していた方、運送業の経営者、自動車部品商、タイヤに従事した方、ハイヤー、タクシーなど、自動車に関するあらゆる業種が含まれていた。私が尊敬の意味を込めて「自動車マン」とお呼びしている方々である。

　その三十年会で、昭和48年頃、顕彰碑を建立する話となった。『東京自動車三十年会記念碑由来』という手元の冊子には、世話人代表の細川邦三氏のご尽力により、氏の同郷福井県出身の上野寛永寺杉谷大僧正のご好意により、東京都台東区上野不忍池の辨天堂に建立に至った経緯が詳細に記されている。当初は辨天堂境内への当会の記念碑建立には了解は得られなかったようだ。記念碑は眼鏡、包丁、針、食に関連した魚のように人と関連したものが対象であり、当時車は人の生活と密接に関連した身近

雲の鯉のぼり（美瑛）　'04 夏
撮影機種：コンタックス G2 プラナー　35mm F2.8

なものではなく、機械なので記念碑として適当ではないという観念だったようだ。しかし最終的には、細川氏の熱意により特例として認められた。

　以上、この内容はトヨタ自動車販売店協会　専務理事　鹿野島孝二氏の献身的なご助力により、現在の三十年会世話人代表である安全自動車株式会社　会長　中谷良平氏のご協力を得て、三十年会のまとまった資料のご提供をいただき知ったものである。

　この機会に三十年会の存在を後世に伝える事も自動車に関連する大切なことと書き始めた頃、偶然にも世話人代表の中谷様から三十年会記念碑法要のご案内をいただいた。
　平成 30 年 11 月 22 日午後に記念碑のある上野不忍池の辨天堂で開催される、とのご案内であった。残念ながら私は 10 月中旬に風邪とストレスを起因とする肺炎により血圧が急上昇し外出がままならず、代わりに私の次男、つまりは光衛の孫にあたる弊社社長の光剛に参加してもらった。
　永年の思いが実現できなかったのは悔やまれてならなかった。
　三十年会のメンバーは大正の震災から昭和初期に東京で活躍した自動車人で、車を使う、扱う立場の人達の集まりである事を、先代光衛から何度も耳にしていた。名簿

を拝見すると、自動車を使う人、自動車の部品・用品に関連する幅の広い業種の方々の集まりであったことがわかる。

　私自身、以前に2回程記念碑に出向いた事があった。最初に訪ねたのは25年以上前になり、当時は同じ様な記念碑は3～4ヶ所であったが、2度目に訪問した時には三十年会の記念碑の場所がわからない程に碑の類が増えていた。

　先代　嶋田光衞に昭和48年頃、この碑に刻まれた人達は大正の震災で復旧に何らかの形で協力した人達が主体であったことを聞いた。

　後世のために、前述のトヨタ自動車販売店協会　鹿野島氏に依頼した名簿を転記し遺したい。日本の自動車メーカーの生産が始まる前に尽力した、自動車のユーザー、各業種の個人・企業人を知っていただければ、ディーラー冥利に尽きる次第である。

東京自動車三十年会　会員名簿　（順不同・敬称略）	
石澤 愛三	日本自動車　社長、日産自動車販売　創設
柳田 諒三	エンパイア自動車商会　創業、萬歳貿易商会　開業
梁瀬 長太郎	梁瀬商会　設立、梁瀬自動車、梁瀬商事等へ発展
中谷 保	安全自動車　創立
川鍋 秋蔵	日本交通　社長
波多野 元二	国際自動車　社長
多胡 重則	関東自動車商会
石塚 秀雄	東京マツダ販売　社長、日整連・全軽協　会長
多胡 武雄	
梁瀬 次郎	ヤナセ　社長、JAIA（日本自動車輸入組合）　会長
吉岡 照義	ニューエンパイヤ　社長、自動車部品輸入組合　理事長
中島 亮	東京日産自動車販売　社長、日整連　会長
中谷 保平	安全自動車　社長
新倉 尚文	大和自動車交通　社長、東旅協　会長
富士本 軍次	（藤本軍次）イースタンモータース　会長
北村 調一	東京部品サービス　副会長、帝国部品　社長
今井 義勇	大山自動車商会　社長
宮崎 辰雄	宮園自動車・宮園モータース・宮園オート・宮園鉱油　社長
富田 金重	日の丸自動車　社長
河村 泰伸	虎の門実業会館　社長
松田 吾助	松田自動車交通・松田自動車販売　社長
中田 長夫	

東京自動車三十年会　会員名簿　（順不同・敬称略）	
鶴野 定助	都自動車・他関連会社　社長
国分 隆	東京自動車興業　社長
酒井 右衛	東京日通自動車工業　専務、朝日自動車他　社長
大場 吉雄	朝日建物　社長、自動車販売・修理を営業していた
一条 芳雄	光和自動車　社長（外車販売）
沢田 仁郎	
川瀬 直治	東京貨物運輸　社長
荒川 忠親	国際交通　社長
戸塚 庫次郎	東京タイムス印刷
本田 浅市	
美沢 辰雄	三沢自動車　社長
木村 正文	日刊自動車新聞社　社長
浅見 掌太郎	カネ掌自動車貿易販売　取締役
榎元 三右ェ門	東日本交通　社長
富永 政喜	富永運輸　会長
島田 光衛	埼玉トヨタ自動車　社長
小倉 康臣	大和運輸　社長
園田 加之松	
奥村 寿郎	
稲原 啓三郎	日本自動車　会長
玉田 彦三郎	安全自動車　設立者の一人
服部 音五郎	足立タクシー　社長

東京自動車三十年会　会員名簿　（順不同・敬称略）	
小津 緑平	松永自動車（フォード販売）　社長
今井 福松	丸井自動車・司自動車　社長
斎藤 倉蔵	目黒自動車交通　社長
後藤 仁助	旭東自動車　社長
加賀原 鹿太郎	鎌倉タクシー　社長
大田 国男	三和交通　社長
小沢 義詮	
宮下 直吉	品川交通　社長
小松 重信	
小跨 孝義	日本便達
西村 清治	
金子 佐久男	金子商店（中古車販売・トラック部品販売）　社長
岩田 信三郎	岩田商店（中古車販売・解体部品販売）　社長
今井 真広	フォード松永商店、シボレー朝日自動車、丸の内自家用自動車組合
福田 昌弘	自動車解体業
島袋 欣章	旅客・貨物運輸業
加藤 佐市	個人タクシー、修理業　三幸タクシー、タイガータクシー、大和タクシー
宮川 善之助	ハイヤー業、アロハタクシー　社長
谷田部 辰司	
山中 基伊知	新大洋自動車販売　社長（中古車）
日野 光雄	大和運輸　副社長
木村 健次郎	八州自動車　常務

東京自動車三十年会　会員名簿　（順不同・敬称略）	
丸山 留三郎	六幸自動車　会長
園塚 時三郎	園塚自動車工業　社長（自動車部品業）
岩本 正造	
中沢 漆吉	マルダイ商会　代表取締役（自動車部品業）
笠木 由雄	旭商会　代表取締役（自動車部品業）
伊藤 卓	
鈴木 吉助	
尾本 佐一郎	
大戸 淳三	大戸自動車工場主（ボディ製作）
中瀬 友信	光洋自動車部品　代表取締役（中古部品）
田添 一郎	田添タイヤー商会　社長
伊藤 喜代司	
石川 初治	東蓄工業（自動車部品・バッテリー販売）
泉 藤吉	泉自動車工業（自動車部品製作）
福島 直衛	
小山 長喜知	小山電池　社長
中村 寅蔵	中村自動車工業　社長（部品製作）
市川 漸	市川自動車工業(自動車修理工場(エンパイア自動車指定サービス・ステーション))
長尾 寛治	長尾自動車　代表取締役
杉田 武夫	元平和自動車交通　社長（タクシー）
岡本 暮松	元三光自動車　社長
竹中 金吾	

東京自動車三十年会　会員名簿　（順不同・敬称略）	
浅見 新蔵	大和運輸
小川 正直	
宮城 久仁	千代田商会　社長（タクシー）
山尾 鹿太郎	元弥栄工業　会長（自動車部品）
長尾 実	
辻 靖剛	自動車交通新聞社　社長
高橋 清	元宝自動車交通　社長
谷 向	
五十嵐 新吉	大和自動車整備　社長
神山 左右悦	昭和モータース
池田 権次郎	富士工業・富士自動車工業所　社長、東旅協組　理事長
斎藤 治太郎	日本自動車整備
榎元 三右ヱ門	東日本交通
細川 清	スキヤ橋ガレージ、アサヒタクシー、東京新聞社　創業
今井 義勇	大山自動車商会　社長
北 調一	
宮崎 辰雄	宮園自動車・宮園モータース・宮園オート・宮園鉱油　社長
日野 光雄	大和運輸　副社長

第 5 章
〔車の歴史〕

伊勢湾台風と初代クラウン

第5章

〔車の歴史〕

伊勢湾台風と初代クラウン

　昭和34（1959）年9月26日、私が東京トヨペットに入社した年の秋、伊勢湾に上陸した大型台風は、満潮と重なったこともあり、死者・行方不明者を含めて5,200有余名の甚大な被害をもたらした。

　私の所属していた王子営業所の脇を流れる石神井川（地元での呼び名は音無川）は、板橋から王子駅前を右へ曲がり、コーセー化粧品を大きく左へ迂回し、川と道路が並行して営業所の西門の前を通り、明治通りの溝田橋をくぐり新河岸川へと流れ込んでいた。その日18時近くにテリトリーから帰社した頃には、氾濫した水かさは深い所は膝下近く迄きていた。その日のセールス日報をまとめ終える頃「おい、嶋田！」と声がかかった。先輩社員から「これ以上社内に居ると、水攻めで王子駅迄徒歩で行く事が出来なくなるので、車で送れ！」とのこと。既に池袋－浅草・亀戸のトロリーバスは動いていない。私が「社用車はどれを使いますか」と尋ねると、56年式クラウンで、ナンバーは忘れもしない「5せ4416」（当時の東京のナンバーには地名表記がなかった）

おわら風の盆（富山県）'09 秋
撮影機種：コンタックス G2
プラナー 40mm 2.8（ストロボ 1 個）

だった。どちらにしてもタクシー上がりの中古車で、この雨と増水の中を走る事が出来るのか不安がよぎった。「早く準備しろ！ 明治通りではなく、溝田橋（音無川）から小林コーセー回りの裏道だ！」。営業所西門出口の目の前の道路は、川が氾濫して道幅は見えない。構内で乗った新車課の先輩は、何人乗ったのかわからない程で、私が「これじゃ運転出来ないですよ！ トランク内はどうですか！」と言うと、「トランク内に水が入るからダメだ！」と返され、仕方なくそのまま出ることにした。エンストは許されないし、ホイール内のライニングシューに川のゴミが入るのを防ぐのと急停止を考え、サイドブレーキを軽く引いたままにし、当時のギヤは3段コラムでローかセカンドで、半クラッチなしで走った。その頃は、川と道路の境となる白いガードレールは道路の曲がる前後しかなく、さしずめ水陸両用車が川の左端を走る景観だった。そんな中、空間が殆どない状態の車内では、ゴチャゴチャというか、諸先輩から激が飛んだ。「右は絶対寄るな！」「車を止めるな！」「道中解っているだろうな！」「今どこだ！」。初代クラウンの横幅は当時小型5ナンバーの規格である外幅1.6m未満で、内寸は1.5m位、ベンチシートのコラム前進3段とはいえ、定員オーバーもいいところの8人目はフロントシートと天井の間に斜めに乗っているような状況であった。コーセー化粧品本社近くに来た頃、駅迄あともう少し、都電の架線が見える辺りで「私は帰り

はどうするのですか」と聞いたところ、「車をしまったら帰れ」とのこと。先輩達を駅で降ろし、明治通りで戻って営業所の構内に入った。すると今度は「俺達も送れ！」と別の課の先輩からの命が下り、同じコースを再度一往復となった。前の組からは「お前なら大丈夫だ」と言われ、後ろの組からは「何で嶋田が運転しているんだ」と言われ、「明日誰かに聞いてくれ」と返事をした。

　この台風で伊勢三河湾近辺の下請け工場が軒並み被災し、新車の納期が40日以上遅れた。その時は下請け工場がメーカーに近いのは良いけれど、一極集中は天災に勝てない、とつくづく思ったものだが、現在も尚一層それ以上にメーカーの生産は一極集中化していると考えている。

　当時の東京トヨペット王子営業所のトラック課には、タクシー上がりのクラウン2台（「5せ4416」「5せ5489」当時の「せ」は一度廃車したナンバーで、色は黒とブルーのみ）、マスターライン・バン57年式、車検用代車のSKB（トヨエースSK-15）、コロナ初代（ST10「5す1196」S型エンジンサイドバルブ）の計5台。その年の冬に入り、今度は毎朝各係の先輩から「嶋田、エンジンかけてくれ」「空気が抜けている」「俺の車が出られないから、何番の車を直ぐに移動しろ」などなど、矢継ぎ早に命が下った。12月に入ると申し合わせたようにクラウン2台、SKBはオイル下がりで始動不能となっ

た。クランクハンドルを使って3～4回まわしてオイルがピストンに上がってから順番にクランクで始動する。オイルゲージの「下」のレベルを確認して、0.5リットルを補充するのが毎週である。バッテリーも弱く、始動するまでもたないので、一旦5分程おいて、クランク棒を再度回すというエンジン始動を毎朝行った。私が入社する前迄はいったい誰がどうしていたのか不思議だった。翌年には法政大学卒、自動車部出身の新人・武田君が入社し、最初の頃は一緒にまわしていたが、結局2年目も朝のクランク回しが続いた。今となっては懐かしい思い出となった。

　このクランク回し、上死点が解らないと逆に回り、回した手が叩かれるので、皆敬遠するのである。今ではセールスもお客様もクランク穴やクランク棒などというものはご存じないと思うが、そのクランクが日本で最初になくなったのは、昭和36年の秋のマスターライン・バンであったと記憶している。当然当時のセールスにとっては、エンジンが始動しない時はどうするのか、新車を納め、下取車を引き取る時の夜間の時間帯が心配だ。納車の時は下取車で都合したクランク棒を必ず積んでいった。当時はそれ程、動かない時の心配が先に立ったのである。それでもやはり動かないとなれば、後ろから押しがけするか、バッテリーコードを用意して持参するか、最後は社用車で行ってロープ牽引するしかなかった。ロープ牽引は係に関係なく、「嶋田先輩、牽引頼

みますよ！」と自分の係だけでなく、二係、三係からも頼まれ、月に２〜３度は普通だった。後輩は何も知らないので、まずはロープの長さから、そしてロープの中央に白布を巻くこと、引き方の指導まで口うるさく何度も教えた。北区の担当メンバーはまったく下手揃いで閉口した。また、免許の資格の関係で、普通（大型）の下取車（普通免許の三菱ジュピターなど）の運転もたまに頼まれることがあった。おまけにラジエター水漏れだと、一升瓶に水を（もちろんこの場合は酒ではない）１〜２本用意して、営業所へ戻る道すがらたびたびエンジンカバーを開け、再三補給した。長距離を走る蒸気機関車と同じ、ボンネットから白い蒸気が上がる前に補給するのがコツで、夜間は全く厄介だった。今の営業マンはほとんどこの事実は知らないと思う。要は、下取車が動くかどうかは、あの時代はその日その場にならないとわからないのがごく普通だったのだ。

蔵王お釜（山形県）'04 秋
撮影機種：スーパーイコンタ 6×9　テッサー 105mm F3.5

第 **6** 章
〔夜の灯（あかり）〕

銀座の思い出

第 **6** 章

〔夜の灯（あかり）〕
銀座の思い出

1. 義理で『白いばら』へ

戦後、最初に銀座の通りを歩いたのは、満州鉄嶺市から引揚げで帰った昭和21年9月の始め頃だったと思うが、記憶がはっきりしない。

私は小学校4年生に編入していた。恐らく、父が新橋駅の近くに焼け残った大きな民家か料理店での会議の会合へ20分程顔を出した後に、銀座通りの西側『天地堂』の側を歩いて3丁目方向に向かった。

戦後間もない銀座通りの7～8丁目あたりは、歩道に柳の街路樹がまばらにあって、歩道に露天商が数多く出ており、米軍から流れた『ハーシー』のチューインガムやチョコレート、ZIPPOと思われるライター等の雑貨品を売る露店が歩道に並んでおり、そんな光景が昭和35年代頃まで続いた。

道を行きかう人の服装を見ても、戦勝国と敗戦国とは一目瞭然で、米軍は第1騎兵師団（駐屯地は朝霞市）のGIがシャツの右袖にトレードマークであった「黄地に馬」

利尻島 姫沼　'98 夏
撮影機種：フジカ 645Zi　6×4.5
スーパーフジノン 55〜90mm ／ F4.5〜6.9

のマークの付いた服装が目立ち、一方で復員した旧日本軍の兵士はボロボロで汚れきった服装に戦闘帽、女性は戦時中のままのモンペ姿が多く、廃品のゴミ箱をひっくり返している人をあちこちで目にするような世相であった。

　その時の行先は『銀座松屋』デパートの４階で、事務所になっていた。父がそこで所用を済ませると、銀座駅から地下鉄に乗り、神田で室町２丁目の丸石ビル（大洋商会）に立ち寄り神田駅で山手線に乗り換え、当時住んでいた現在の埼玉県朝霞市へ一緒に戻った。この事務所は今になって考えると、トヨタの販売店協会の仮事務所であったのか、関連する会社のオフィスであったのかはっきりしない。トヨタ販売店協会に問い合わせをしたが、戦後間もない頃の話であり記録がなかった。
　戦後『銀座松屋』はGHQに米軍のPX（post exchange：売店）として接収されたが、この時はPX開設以前だったのか不明である。

　話はそれから十数年後。昭和34年に私は『東京トヨペット株式会社』に正社員として入社し、王子営業所で新車トラック１係として荒川区町屋・三河島・南千住の担当セールスになった。

和田君（中央大学卒・池袋・文京のトラック担当セールス）とは新人研修で友達になり、以来、彼が50代の半ば（車輌本部渉外部・テリトリー侵害担当）で早逝するまで付き合いが続いた。

　彼は東京トヨペットのサブディーラーである『国際トヨペット』の隣地に下宿していて、文京窪町から区役所へ向かう都電16、17番が走っていた（拙著「戦前・戦中の池袋の思い出」の章参照）。まだ戦災の残りがあって、文京区の教育大附属の前の道路は部分的に広い所もあったが、未整備の道路が併行していたその通りに、和田君が日頃通っていた喫茶店があり、道路に車が駐車できた。その喫茶店で彼とたびたび会ったのだが、実はそこには和田君の彼女が働いていた。

　ある日、彼が「頼みがある。」と言う。彼女が喫茶店を辞めて、銀座3丁目にある『白いばら』というキャバレーに勤める事になり、「僕は酒がダメなので、嶋田、君が代わりに飲みに行って売り上げに協力してくれ。」と言うのである。

　私は学生の頃に銀座8丁目の老舗のバー『ブリック』には行った経験はあったが、キャバレーには行った事がなかったので、「約束はできないけど、銀座に行く機会はあるから、店を移ったら知らせてくれ。」と請け負った。

　銀座には学生の時にクラシック演奏会の入場券を買いに『銀座2丁目プレイガイド』『山葉ホール』『鳩居堂』等へ毎月行っていたこともあり、碁盤の目のように整った銀座はまことにわかり易く、『白いばら』へはずばり有楽町駅北口から全く迷うことなく行くことができた。

　時刻は夕刻6時過ぎで、その時間帯でのセット料金は小瓶ビールとチャーム付き1000円で、30分早ければ500円とのことだった。それでも義理で3回店に行った。「月1がせいぜいだよ。」と伝え、その年の冬に入る前頃に、「店を変えるから。」と言われた。「銀座6丁目の並木通りの地下1階にある店」だと言われ、「どんな店かわからないけど行くよ。」と伝えた。

2.『ダブルボギー』

　王子営業所に同期入社で足立区乗用車担当の市川弘毅君（慶應高校P組）（拙著『感動をユーザーに』P170）からも同じ様なことを頼まれた。

　「嶋田、サワカンこと澤環次を知っているか」と尋ねられ、「顔は知っているよ。君と同じ幼稚舎組だろ」と答えた。たしか、彼と同じP組だったと思った。

　余談だが、私はO組で、M組にはのちに横浜タイヤで長く社長を務めた冨永君がいて、

彼とは今も新橋の横浜タイヤ本社近くの割烹『京味』で年に一度は顔を合わせている。

　続けて市川君は「その澤が銀座で飲み屋を始めたらしいのだが、俺は下戸なので代わりに行って欲しいんだ。場所は銀座6丁目の通りで『ダブルボギー』という店の名前だ」と言う。私は「最近はやりのトリスバーか白か」と問い返してみたのだが、下戸の市川君には通じていないようだった。

　頼まれて間もなくの昭和35年7月頃に、その『ダブルボギー』に初めて行ってみて驚いた。店に気づかず、うっかり前を通り過ぎてしまったのだ。それほど店の間口は狭く、マッチ箱を横にして起して置いたような店だったのだ。

　店の中は7〜8人のカウンター席のみで、椅子を下げれば背中が壁に寄りかかれる程だ。当然背面の通路の移動はカニ歩きとなる。オープンしたてで店が未だ馴染んでいなかったが、『ダブルボギー』という店名はゴルフ用語なのだが、まだゴルフを知らなかった私には意味がわからず、「一杯のトリスウイスキーがダブルで出てくるシステムなのか」と頓珍漢な質問をして、澤は苦笑いしながら「まあいずれわかるさ」と言うだけだった。

　「市川が下戸だから代わりに来たよ。よろしくな」と伝えると、大学を中退して銀座

でバーを開いてゴルフ三昧をしていたようだった彼は、喜んでくれた。この店は5年程してバー付きのクラブの店を探して移転した。

　移転先の店には、その頃できたばかりの高島平の団地から通うバーテンがいて、夏には戸田の花火の眺めが良いからぜひ遊びに来てくれ、と言ってくれた。顔なじみになった彼に5000円を渡し、「新橋あたりでスコッチを買って、店に置いておいてくれよ」と頼んだ。

　1ヶ月程経って、澤がそのスコッチの瓶を見つけ、「うちはサントリーとの契約で、コップを始め全てサントリーで用意しているので『ホワイトホース（通称：白馬）』は困るよ。やめてくれよ、嶋田」と言う。私は「瓶が見えなければ良いだろう。たまには味の違うものが飲みたくなるっていう事がわからんかね。」と苦笑し、ともあれ空になったサントリーの角瓶へ移し替えた。

　しかし、「酒には一つの流れがある。いずれウイスキーもニッカスーパーになり、ビールも流れが変わることになると思うよ。客に言われてからでは遅いと思うぞ」と伝えておいた。

　後年、50の手習いでゴルフを始め、『ダブルボギー』から25年後、コースに出てみて、

初めてあの店の名前の意味がわかった次第である。昭和35年（1960年）頃はゴルフはまだ一般的ではなく、ユーザーの中でプレーするお客様は『城北ベアリング商会』（三河島駅前）の社長一人ぐらいで、まれだった。余談だが、箱根のゴルフの帰りに初代クラウン（RS21）のトランクが自然に開いて、スポルディングのクラブが入ったバッグがなくなった、との話を聞いた。その頃のトランクのフロアは、今とは違いフラットであった。

　澤君はその後に再び移転し、コリドー街通りの新橋・土橋寄りのビルの3階にサパークラブを開き、そこでは4～5人の大学生のアルバイトに純白のワンピースを着せていた。素人の女性では如何なものかと思ったが、新鮮さが売りで、ピアノ演奏とギターソロが30分間隔で交互で雰囲気を作っていた。この頃異色なのは赤坂から洋食のシェフをスカウトして、サーロインステーキのみをバーカウンターで出すのが売りであった。何とも奇妙な組み合わせだ。

　その店を10年近く営業した頃、澤は「嶋田、もう銀座の時代じゃないよ。銀座は人件費も家賃も上がったから、今度は新橋駅前で洋風焼き鳥屋をやることにしたよ。準備ができたら案内するからぜひ来てくれ。ただし、また酒の事で注文をつけないでくれよ。

今回も洋酒も置くが、初めて日本酒を置くことにした。念を押すが、店に来てとやかく言ってくれるなよ」と注文をつけた。

　私は「言っておくが、新橋駅の広場から見るネオンの輝く酒のメーカーでは、店の特色は出ないぞ。これからは地酒の時代だ。東北の蔵元の酒は忘れるなよ」と忠告した。澤は「お前は酒の事は客の中でも人一倍五月蠅いが、前の店では、言われた通りスーパーニッカが主力になって驚いたよ」と答えてくれた。

　しばらくして約束通り店の案内が来たので、早速出かけた。新橋駅前のお馴染みの機関車（C11型）の西側の1本目の路地で、駅から1分のところだった。炭火で焼いているが鳥の匂いではなかった。聞くとフォアグラとエスカルゴの"焼き鳥"だという。新橋ではいささか場違いの感もあったが、納得する風味でなかなかいけた。酒の注文はつけるなと釘を刺されてはいたものの、「日本酒じゃなくてワインを出せ」とさっそく言いさしたら、「嶋田はワインもやるのか」と聞かれたので、「武芸は十八般、何でも飲む！」

3. 『白い森』、『銀座クラウン』

　さて、和田君の彼女が『白いばら』から並木通り6丁目の店に移ったということで訪ねた。4〜5人が同時に降りられる広い階段で地下に降りると、ホテルのドアマンと同じ格好の男性が立っており、「料金は1人5000円です」と言われ、驚くと同時に困惑した。

　さらに、「名刺をいただきたい」と言われたのでセールスの会社の名刺を渡すと、「お名前の上に二文字足りないようですが」と言うではないか。会社での課長や部長の肩書がないのか、ということだ。「セールスマンに肩書はない」と説明したものの、私ごときの者が行く店ではないことは明瞭だった。

　店の名は確か『白い森』といい、店内は銀座ではかなり広いフロアの中央に白いグランドピアノが置いてあり、ボックス席の数は通常の半分で、一見高級感がある。1ステージ15分位演奏していた。キリンビールの小瓶1本にチャームの小皿が付いて5000円とは、前の店からすると5倍から10倍で、しばし呆然とした。ピアノの響きで多少は救われたが、当時5000円払えばN響の定期演奏会に3回行けた。

　それでもストレス解消の為に月に1回行ったが、月給1万3500円で、残りの金額で1ヶ月の食費他を賄わなければならないことを考え、そろそろこの悪循環は断ち切らなけ

ればならないと思った。行くサイクルを月に1回から2ヶ月に1回へと延ばし、間隔を開けて3回目で縁を切った。2度目に行った時、『白いばら』から移った女性は「店をまた移る」と言っていたのだが、2度目のツケ料金を払いに行った時には、同じ源氏名の別人が出てきて、向こうも不思議そうな顔で接客してくれた。その女性と30分弱話をして、白いピアノの音を後に店を出た。

　1ヶ月弱して、『銀座クラウン』という店で働いているというハガキが来た。電通通りの大型店である。それから10年が過ぎた昭和51年頃、「長く店に来てくれたのでソアラを買ってお返しする」と言う坪内淳さんと初めて出会ったのがこの店で、『白いばら』『白い森』から移ってきた女性のヘルプで付いていた。

　坪内さんは早稲田国文科の名刺を出し、「バイトとしてこの店で働いている」と自己紹介した。いずれ銀座で店を開く予定でいると言っていた。

　しばらくして、5丁目の『アマンド』の銀座1号店の2階に新しくクラブを姉と自称する女性と二人で開店したとの案内が来た。カウンターで1人3500〜5000円だという。

　1万円以上という『白い森』とは縁が切れたが、早稲田国文卒は話す言葉に京言葉が少し残っており、妙に色気があった。

この店の客の中に埼玉銀行本店（昭和41年）の尼ヶ崎さんがいて、偶然出会った。尼ヶ崎氏は私が代表取締役常務となった埼玉トヨタと取引のある埼玉銀行本店営業部の担当常務であった。

　借り入れで銀行に行った際に顔を合わせることは少ないのに、銀座のクラブで出会うとは何とも奇妙な巡り合わせであった。尼ヶ崎常務は「貴君は何でこの店に来たのか。何でいるのか」と、戸惑いながら質問を繰り返された。

　坪内淳さんにも「何であの嶋田常務を知っているのか」と聞いていた。ママになった坪内淳さんは渋谷神宮前に住んでいて、尼ヶ崎さんとはその近隣の仲とのことであった。彼女は尼ヶ崎さんから学生時代に時折小遣いをせびる仲だったと聞いた。

　彼女の国文卒は本当で、幼少時からの馴染みということで、店を開いたので尼ヶ崎さんに案内したら、氏が2度目に来た時に私とバッタリ会ったようだ。私の方はこの時が3度目で、カウンターにいたので先方も暫く気付かなかったようだが、ショックは大きかったように見受けられた。その後、暫く出会うことはなかったが、2度目にまたお会いした時には「何でこんなバカ高い店へ来るのか」と聞かれた。

　おでん屋から銀座のクラブまでと言おうかと思ったがやめた。酒は同じでも、場所と景色で味が変わる。あとは居心地と相性である。

4. 『スープラ』に取られた商談 ── 相手は何と御曹司？

　昭和 50 年代に入り、坪内ママの店は 7 丁目の新しいビルの 6 階に移った。今度はさらに高い料金になると予想されたので、「今度はもう無理だ」と伝えた。その頃には既に 10 年が過ぎていた。

　それでもママから「割引にするから是非来て」と言われ、銀座に出たおりには店に立ち寄った。その時「嶋田さんとは 10 年超しになる最初からのお客様の一人だから、お礼に車を購入する」と言われ、私は "お水" は自分のエリアではないので、如何なものかと考えた。しかし、彼女の買う気は本気であった。車種は『ソアラ』で、この秋には購入手続きするという。

　ところが次に店に立ち寄った帰り際に「シーさん（当時彼女は私を普段そう呼んだ）、ちょっと義理があって、出世払いの東大出の同級生の友達の一人が、都内のカローラ店で 6 か月間研修生をしていて、車が売れないので買ってくれと頼まれたので、付き合うことにしたので、申し訳ないけど『ソアラ』の話はなかったことにして下さい。その人、アキオさんといってトヨタの人のようなんだけど、知ってる？」と聞かれた。

　「わからないよ、僕には」と答えた。銀座のママがカローラ店の車？　と不思議に思い、咄嗟に「車種は決めましたか？」と聞くと、「スープラ」と返ってきた。

三十数年後、ある新車発表時の名古屋東急ホテルの会食で、豊田章男現トヨタ自動車社長と同じテーブルになり、研修時代の話を思い出してもらい、「このとき販売した車種は何でしたか」と伺ったところ、『スープラ』と返事がかえってきた。

　長年にわたって気になっていたことだったので、やはりそうだったのか、と妙に納得した。豊田章一郎社長のご子息が都内で研修しているとは全く知らなかったので、驚いた。

　ソアラを売り損ねた2年後、坪内ママの帯留めにひときわ大きなエメラルドが輝いているのが目に入ったので、「いいエメラルドですね」と感嘆した。

　当時、当社は私が担当して保険室扱いで『銀座マキ』と契約して、その頃イメージアップのために本社ショールームでダイヤモンドを販売していた。

　ママの言うことには「アキオさんから車を買う事を頼んできた同級生から、プレゼントでいただいたのよ。以前は貧乏学生で店で飲んでいたけど、今は南米チリの外交官になって、出世払いでいただいた品なの！」。

　その頃、私と車はやはり水商売には縁がないと思っていたが、その翌年、新橋の洋風焼き鳥屋の澤が、「230万円までの予算で『ソアラ』に乗るから探してくれ」という。

「シマダは酒にあれほどうるさいのだから、そんなお前が薦める車なら納得できると思うよ。急がないから頼むよ」ということになり、3ヶ月後に納めた。

　多分、好きなゴルフ場へ行くために乗っていくのだろうと想像した。納めてからしばらくして「少し高かったが満足している」と返事がかえってきた。残念ながら、ゴルフの腕前を聞くのを、その時もまた忘れてしまった。やがて、「俺は店から手をひくが、料理のチーフが引き継ぐから、また来てくれ」と連絡がきて、長い付き合いは終わりになった。ほどなくして澤君が物故したことを耳にした。

　この頃からタクシーをよく利用した。飲み始めた昭和35年頃といえば、タクシーの1メーターはルノー60円、コロナとダットサン70円、クラウン80円だった。新橋のガード下から浦和まで帰るのに、ルノーだと960円で帰れたが、クラウンだと1200円だった。高速のない頃で、皇居前～17号国道～東大前～巣鴨～板橋のコースはそんな料金だったが、首都高速が池袋、しばらくして中台、そして高島平まで延伸すると、クラウンで22時以降は7～8000円になった。飲み屋も長かったが、タクシーもよく乗った。
　さまざまな経験と、予想しない出会いもあり、胃に穴が開くこともなくその頃を繰

り返し、懐古している今日である。この思い出を書いて校正をしている時、平成30年1月に『白いばら』は閉店したと聞いた。想いはふたたび遠いものになったと同時に、物事には終わりがあることを認識した。

霞ヶ浦　帆曳船　'02 秋　撮影機種：マキナ 6×7　ニッコール

第 **7** 章
〔夜の灯（あかり）〕

王子夜話 1　酒を徹底して飲む

〔夜の灯（あかり）〕

王子夜話1　酒を徹底して飲む

　東京トヨペット王子営業所時代は仲間でよく飲んだ。酒がもとで固い結び付きとなったのが、新車課のセールス仲間たちである。

　1年後輩の鈴木浩君（拙著・埼玉新聞社刊『感動をユーザーに』P197写真）は、北海道出身で体格も良く、塩釜の蔵元の血を引く家柄で、酒はきわめて強かった。

　昭和36年初夏、二人で銀座の並木通りで全力で飲んだことがあった。彼は新井薬師の親元に住んでいて、後で聞いた話によれば、帰途、中央線・飯田橋駅で降りて、ベンチで休んだことは覚えているのだが、それ以降はどう帰ったのか記憶にないという。翌朝、上司の藤森係長（拙著P210～221）から「嶋田、昨晩、鈴木と飲んだな。休みの連絡が入ったけど、いったいどんな飲み方をしたんだ」と問いただされた。

　正直に「まず八重洲口の鍛治橋通りの元米軍キャンプのバーテンがチーフの店で、デメララのラム90度（※注記）とカクテル数杯で露払いをしてから、銀座・並木通りのマンマル寿司（昭和35年にできた）の上の馴染みの割烹でビールで飲み直し、日本酒

染谷花しょうぶ園（さいたま市）'95 夏　撮影機種：ニコン FE 85mm F2

をお銚子で24本飲みました」と報告した。

　あきれたように聞いていた藤森係長から、当然ながら叱責された。「セールスが1日休むという事が、どれ程の販売抵抗になるのかわからんのか。今日は、嶋田、お前が鈴木の分まで訪問数を増やせ。これは命令だ。とことんまで飲むな。うちの係で先月3人が同時に2日続けて休んだ原因がわかった。酒は飲まんからわからんが、二日酔いは知っているけど、三日酔いはあるのか！」そしてかんかんに怒り顔を赤くし「バツとして、今月受注3台を追加する」と告げられた。私は「それはないでしょう！　係長は先月末、僕の机の下の引き出しの底から『へそ繰りの注文書3台』断りなしで出して、受注表に記入を加えたのはどうなるのですか！」と反論した。しかし藤森係長は「シマダ、受注したら即提出するのが会社のルールだ。休んだ1人1台として3台だ。わかったな！　課長はうるさいから休んでもらっても関係ないが、部下はダメだ。」

　このことでこの月は9台の目標が12台に変わった。私の机の反対側の武田君（1年後輩、日暮里担当。酒は全く下戸で静かなタイプ）は「大変なことになりましたね。」と心配そうに小声で応答した。

　それから半年も過ぎた頃、ほとんど無休で、酒では最強のその課長が突然休んだ。

藤森係長に「夕べ、課長と一緒にいたのは嶋田か。よくやったな、課長が休むのは奇跡的だ。いくら飲んだじゃなく、いくら費用がかかったんだ？」と苦笑されたものだ。私は「要は、飲む順序の作戦ですよ」と答えた。さすがの係長も、課長は煙たい存在なんだと認識した。

　現場のわれわれは、クゥオータ（販売台数の割り当て）の重さと市場の厳しさ、ユーザーとのストレスが日々積っていく。その反動で、テリトリー外で日頃の憂さを忘れて飲むのが常で、通勤でトロリーバスを利用する池袋からの社員が多かった。仕事が終わって、課の数人が土曜日の帰りに池袋駅西口の「次郎長」の1階に立ち寄って飲むようになり、旧東京トヨペット昭和30年代入社の王子新車課のメンバーの有志が集って、後の「翔んでる王子の会」となった。

　OBとなってから、あの現役時代の「次郎長」で1回目の会を開催した。当初は10人程度だったが、2回目は20人を超えた。銀河系の恒星が渦巻くように広がっていき、後年、良き時代の昭和32〜39年入社の旧乗用車、業務、部品出身者なども加わり賑やかになった。女性も参加し、東京トヨペットのOB会の一つとしての存在が知られるようになった。

　現在、OB会があるのは虎ノ門、目黒、そしてわが王子の3つのようである。今年（2018年）も「翔んでる王子OB会」の案内が主幹事の浅井君から送られてきた。昭和60年のOB会開始以来33年、回を重ねて第32回目となった。定例32回最終は「新宿ヒルトンホテル」で午後1時開催となった。OB会の最初からのメンバーで、あの二日酔い欠勤の鈴木君によると、今後は毎年の開催はできないそうだ。誠に残念で寂しい。

（※注記）デメララのラム

　ラム酒の名称で、銀座 資生堂で輸入していた。後日、資生堂に出向きボトルを確認したところ、ラベルにアルコール度数90度と記載されていて驚いた。店員に尋ねたところ、飲むための酒ではなく、ケーキ作りに使うラム酒だという。「これを飲んだのですか」と驚かれ、「ストレートで飲みました」と言うとさらに驚かれた。このラムを飲んで無事に帰った人はいなかったと思う。失礼しました。

第 8 章
〔販売〕

王子夜話 2

ワイ（和井）ウェイ（ハイウェイ）

パトロールとお化け煙突

〔販売〕

王子夜話 2
ワイ（和井）ウェイ（ハイウェイ）パトロールと
お化け煙突

　王子営業所（東京トヨペット）でのセールスマン時代に、上司に東京トヨペット入社１期生の和井（わい）泰平新車課長（拙著『感動をユーザーに』P211 右端）が在籍（初代課長）した。全国的にも珍しい苗字のようだが、四国・四万十の中村がご先祖とのことだった。数年前に伺ったところ、「戦後のまだ物のない頃、一度ふるさとへ行ってみたが、遥かに遠い所だったと記憶している。」と言われた。私は平成に入り社内表彰旅行でトヨタ店と L&F 店の社員とともに２度中村まで行ったが、高知空港からバスに乗り、昼食と峠越えで３時間余りを要した。峠の土産品店の老婆に「埼玉の場所をご存じですか」と尋ねたところ、「福島県の近くかね。」と言われ、ショックだった。

　ところで、この和井課長の行動チェックは並大抵のものではなかった。あの厳しい藤森係長（当時は新車第１係）がビリつくくらいなのだから、その下の我々ならなおのことである。私は密かに「鬼の和井」と称していたが、旧トヨタ自販が『スキニーエアコン』を販売した昭和 40 年代後半、本人の知ることとなり、「シマダ、仏の和井

最上川 尾花沢付近 '86 早春　撮影機種：マキナ6×7

になった。訂正してくれ！」と言われた。

　当時、各係のセールスマンはテリトリーへのセールス活動に出て、帰社できない時は正午と３時に営業所に連絡することになっていた。尾竹橋通り町屋２丁目の都電のホームに上る前に電話ボックスがあり、私はいつもそこから電話をした。

　この電話を時たま課長が受けると、「嶋田、今電話している場所の目の前の建物の名前を読め」という。ボックスの中では見えないので、いったん受話器を置いて、外に出て北と南を見て、ボックスに戻って見たままを報告した。他の場所でも記憶で同じように報告した。

　すると、課長は「なぜ待たせるのだ！」と叱るのだが、「電話ボックスの中からは外が見えないのです」と言うしかなかった。課長からは「他に電話がないのか。」と言われたが、当時の荒川区内に公衆電話は少なく、荒川区役所か南千住駅へ行かなければなかった。千住間道とか三山館（映画館＝三河島５丁目）の前にもあったが、通行音や下町の工場音で聞き取り難い。セールスマンは毎日郵便配達のように同じ道を歩いているわけではない。とにかく１〜２年は毎日このような電話で報告をしていた。

　ある時、１年上の石井先輩（物故）が車でセールス活動中、北千住の区役所近くの映画館に入っていたことがあった。あろうことか、テリトリーを巡回中の和井課長が

彼の社用車を見つけ、所轄の北千住警察に断り、営業所に持ち帰ってしまった。

　サボりの発覚である。そもそも北区担当のセールスマンであった石井先輩の車が、足立区北千住の映画館の前に止めてあることが不自然だった。そんなこととは知らない先輩は、映画館から出てきて仰天。車が盗難に遭ったと、真っ青になって北千住警察署に駆け込んだ。

　対応した警察官は「駐車違反で警察署で預かり、会社に連絡した」と伝えた。そして担当官は石井先輩に「会社の課長が来て、そく預かっていったよ」と告げた。このあと先輩が営業所に戻ってどうなったかは、想像におまかせする。当時、テレビ番組にアメリカの人気ドラマ『ハイウェイ・パトロール』というのがあって、これをもじって「ワイ（和井）ウェイ・パトロール」と囃したものである。

　春は上野寛永寺裏の行き止まり道路に（現在は通り抜け出来て美術館の西門の前から東京藝大の通りに出られる）、デモ車（新車）のキャブオーバー１トン車のＰＫ型トラックを停め、荷台に白の木綿コート（※１）を広げ、セールスバッグを枕にして春夏の暑い日の午後の休憩をしたものだ。桜の木の下は、時期によっては毛虫が降りてくるので閉口した。

　秋は、道灌山切通しの山の上にある諏訪神社境内の東側に行った。午後は涼しく、秋の景色は最高に良い所で、境内には人は全くいない。ここからは千住のお化け煙突（※2）がよく見えた。残念ながら昭和38年に解体されてしまったが、戦前戦後を通じて都内の名物の一つだった。

（※1）

　昭和40年代の終わり頃まで、カーセールスは車を運転する時は常時白衣のコートを着用していた。この習慣は私の入社した昭和34（1959）年以前から輸入車・国産車を問わず、カーセールスの一つのユニフォームであった。エンジンオイル類、グリース補給時の油汚れがスーツに移る防止策として着用していた。平成時代のカーディーラーマンにとっては全く知らない世界であろう。

（※2）

　菱形に配置された東京電力千住火力発電所の煙突が、見る方向によって4本、3本、2本と変化したため、お化けと呼ばれたのだ。それまで私は見たことがなかったのだが、その頃1本になることを仄聞した。その位置は常磐線の南千住－北千住駅間で確認で

きた。その反対方角も恐らく 1 本に見えたと想像するが、インターネット上に掲載されていた千住火力発電所の記事の中に「足立区本木 1 丁目」とある。現役セールスの時は幾度も尾竹橋を渡ったが、セールス活動で戻る時は暗くなる頃で、1 本の姿は常磐線の電車内の遠望であった。現在も残っていれば東北・上越新幹線の東側の窓から走馬灯のように変化する 4・3・2 本の形を楽しむことができたと想像される。

羽黒山 五重塔（山形県） '85 夏
撮影機種：マキナ 6×7

第 9 章
〔販売〕

王子夜話 3

戦前トヨタ自工入社・曽根正信所

長の話

第9章

〔販売〕

王子夜話3
戦前トヨタ自工入社・曽根正信所長の話

　私の所属した昭和34年頃の東京トヨペット・王子営業所の話である。初代所長は曽根正信氏（経歴は宮城県出身〜立教大学〜戦前のトヨタ自動車工業入社）で、厳しさは社内に轟いていた。

　入社して2年が過ぎた春の終わり頃、同期で池袋営業所新車トラック係の和田君（故人）から電話が入った。

　その頃の池袋の新車課は、立教大学運動部（野球からボートまで幅広く）出身者が圧倒的に多く、一筋縄ではいかない面々であった。

　所長や課長が言っても納得しないというか、素直にならない連中なのだが、そこで上司が「それでは王子営業所に行ってもらう。転勤してもらう！」と、一言いうとおとなしくなるという。

　「シマダ、いったい王子営業所というのはどんな雰囲気なのか」というので、「電話ではいえないよ！　文京の喫茶店に行った時にでも話すから。」と答えた。

大沼湿地の木道（栃木県那須塩原市）　'02 秋
撮影機種：ローライ 35　テッサー 40mm F3.5

　和田君が「王子監獄という仲間もいるが、どんな状況か話してくれ。」と言う。池袋営業所の直ぐ近くに巣鴨拘置所があったので、彼は私の営業所を「監獄」と想像しているようなので、私は「別に監獄というわけではないよ。ただ、所長は厳格な管理体制で、自由な裁量が少ないと思っていた。謹厳実直で私利私欲のない人格だが、糖尿病で日によってご機嫌が悪くなる時があるのが難点で、そんな時は蜘蛛の子が散るように、先輩たちがいなくなるのですぐにわかった。

　社用車や下取車の持ち帰りは午後10時以降でも一切だめである。社用車の管理（特に燃費）、朝礼伝達はしっかり行なう。所長が納得がいかない時は、即呼ばれ直立不動で報告をする。

　M係長は要領が悪くて、多い時は日に2〜3度呼び出されるのだが、毎回東北弁と名古屋弁のミックスで叱責されている。

　私が業務係の黒坂かね子さん（翔んでる王子OB会幹事の一人）に短くなった鉛筆を出すと物差しで測って、シマダさん！　あと1cm残っているからだめ、と言われる。誰が指図しているのか尋ねると“わかっているでしょう”と言われる。

　トラックの看板仕様を入れるので、短い鉛筆では効率が悪く、何とかしてくれ！　と頼んでも、だめ、見つかったら大変よ！　と断られた」。考えた末、鉛筆に関して私は、

戦後使った鉛筆を長くするジョイントペンを家から持ってきて、継ぎ足して使った。

　ボールペンもこの時代のものはインクが途切れ、不良品が出た。新品との交換には下取（不良品）が必要で、ある時、トラック仕様（文字書き看板原稿）の作成中にインクが出なくなったボールペンをポイ捨てし、新しいペンを取りに行ったら、そのあいだにゴミ掃除係が来て、なくなったことがあった。黒坂さんからは「下取がないと新しいのは渡せないの！」といわれたので、即「貴女のを貸してくれ。」と頼んだ。

　ある時、突然所長から名指しで呼ばれた。私は鉛筆の一件が知られたかと思った。落語「船徳」の枕の部分のようになるのは避けたい、と思った。M係長はいつも弁解と下手な説明の繰り返しで、地獄状態になっているのを思い出した。

　「君（私）、この下取価格の買い増し金額“7500円”というのは、どういうことか」と聞かれ、「課長の枠は1万円までの指示で、初めから1万円では決まるかわからないので、最初は5000円と提示し、2回目で7500円と先方に伝えました。」と答えた。

　事実、初めから1万円では、条件が合わない時は一旦社に戻り、経過報告してから、再度トロリーバス（全線20円）か都電（全線15円）で再訪しなければならない。かといって携帯電話のない時代、初めてのユーザーの電話を借りて会社へ条件を伝えるのは

良し悪しだった。

　どうやら所長は、端数合わせの請求書、この場合注文書の合計が、附属品合計と車両代で、偶然きりの良い数字になっていたので、帳尻合わせをしたものと誤解しているようだとわかった。

　積み重ねの結果の合計と理解するには時を要した。

　所長は土曜日、社員の結婚式に出席し、終わるのが 3 時過ぎであっても、帰宅方向と逆でも、一度社に戻ってくることはごく普通であった。所長が戻る情報が入ると、先輩たちからそれぞれ「シマダ、所長が戻るぞ！　早く出掛けないと呼ばれるぞ！」と言われたが、「私は 4 時の納車で、今は配送待ちで納車書類の準備中ですよ。いったい何処に行けば良いのですか。」と答えた。

　ざっとこんな具合で、夏の土曜日は "鬼のいぬ間" のなんとやらで、所長が営業所に戻るという情報で、クーラーで一休みも慌ただしく散って行った。（昭和 32 年クーラーの設備があった）。

　昭和 36 年の 7 月に入って蒸し暑い日のことだった。私は納車準備のため、午後 2 時半頃にテリトリーの三河島から営業所に戻った。当時の私は社に戻って席に座る前に、炊事場に用意してある麦茶をコップに 1 杯飲むのを習慣にしていた。ところがこの日に

飲んだのは麦茶ではなく「あっ！ これは何だ!?」と思わず口に出した。それを聞きつけた業務係の高橋さんが「それは所長の煎じ薬よ！ シマダさん、所長が知ったらうるさいよ！」と教えてくれた。「これはゲンノショウコだな。お湯を一杯足して同じ量にすれば問題ないよ。」その時、所長もこの場所へ飲みに来ることがわかった。

　その後日、私が同じように納車準備で戻って事務所で書類確認などをしていると、車輌業務係の黒坂かね子さんがお盆の上に茶殻の乗った皿を乗せて、まるで神主が祭壇に供えるかのようにうやうやしく事務所に入ってきた。

　室内にいたのは私の課は和井課長と藤森係長、乗用車係は2人で、総勢で4〜5人程だった。お盆に乗せた茶殻は曽根所長の前に差し出された。所長は茶殻を指先で摘まむと「黒坂さん、この茶はまだ出る。戻して使いなさい！」とおっしゃるではないか。世にいう「王子営業所"お茶殻事件"」である。

　「一度処分した茶殻を使うなんて」と思いつつ、私は納車のため2階から早々に下りた。多分ゲンノショウコを飲みに炊事場に自ら出向いた所長が、流し台の処分容器に入っていた茶殻に目をつけたのだろうと推察した。

　後日、噂が噂を呼び、先輩、同輩を始め、後輩諸氏からも何度となく真偽のほどを質問攻めにあった。人の口に戸は立てられぬというが、当日現場に居合わせたのは、役付

き以外では私を含め何人もいなかったので、誰が漏らしたのやら。それにしても、メーカー出身である所長の感覚は、当時は想像を絶した。

話題は尽きないが、この様な日常の内容を同僚同期の和田君に伝えた。彼は「総て同情するよ。」と、言ってくれた。

当時の池袋の営業の猛者（もさ）連には100％効果があったようだ。

それから3年後、皮肉なもので、所長は池袋営業所（※注記）へ異動となった。後年、驚天動地のアクシデントが起きたことを耳にした。これはここでは書けない内容である。営業活動には社内情報も不可欠、という話のひとつである。

曽根元所長は昭和50年に入り、取締役の時代に山梨トヨペット社長として経営改善に出向された。東京トヨペット常務取締役の時代で赤字決算のため旧販の依頼出向で人選された。

このことは業界紙で知り、納得するに充分である。3年で黒字決算に戻した流石（さすが）である。東京トヨペットに戻り、間もなく役員を退任し、その後物故された。その際は旧王子営業所時代の仲間で田園都市線・あざみ野へお別れに伺った。ご冥福を祈る。

（※注記）

　当時の東京トヨペット・池袋営業所にはサービス本部があり、規模は高輪の本社に次いだ。隣地には池袋自動車教習所があり、その先の東側には有名な巣鴨拘置所があった。現在は「サンシャイン60」「池袋プリンスホテル」が、その一部となっている。

　池袋営業所のほぼ同じ場所は1990（平成2）〜2013（平成25）年にトヨタの全車種を展示する総合ショールームとして『アムラックス』の名称となった。

　それ以前は関東のトヨタディーラーは永年、月末の駆け込み登録の為、名古屋・桜通りのトヨタビル（旧販）まで新幹線と国電（現JR）を乗り継ぎ、始発から終電まで何往復も譲渡証（完成検査書）を引き取りに行っていたが、『アムラックス』ができてからは、そこで譲渡証が発行されるようになり、登録業務効率が格段に良くなった。

　埼玉県に隣接する群馬トヨタ（当時、横田英一社長。東京トヨペットで私の2年先輩であった。）さんの分も当社の登録係が預かって帰社した。

　しかし、当社社員の帰社時間では、群馬トヨタさんの社員は当社で書類を受け取っても、高崎線の最終は籠原駅止まりで高崎の本社に戻れないため、クラウンで23時過ぎに来社し、書類を受け取るや車で戻って行った。当時は関越高速道はなく国道17号である。

　メーカーコンテストの季節を含み、年末や新車需要期は、月末近くになると同じ状況が繰り返しとなっていた。

　東京トヨペットでは、朝一の新幹線で名古屋へ譲渡証を受け取りに行った社員は、そのまま終日東京－名古屋間を往復していたということを仄聞していた。

第 **10** 章
〔夜の灯（あかり）〕

都内の坂道と石段下の屋台の

夜ばなし

〔夜の灯（あかり）〕
都内の坂道と石段下の屋台の夜ばなし

　偶然に見開いた毎日新聞（平成29年9月27日夕刊）の坂の記事を読んだ。「坂道研究家」山野勝氏が都内の坂を巡り、とくにご自身が好みの三つの代表的な坂道を紹介している。

　文京区の椿山荘西側の『胸突坂（むなつき）』、この坂の西側にはクランク状になっていて、登りきると同じく日本女子大学前の目白通りに出る坂があるが、記事ではそこまでは紹介されていなかった。

　二つ目は国会議事堂西側の『三べ坂（さんべ）』、三つ目は千駄木の『団子坂（だんご）』である。山野氏の提唱する「名坂」の条件は、「勾配が急である」「直線より湾曲している」「江戸情緒が残っている」、そして「名前がユニークである」ことだそうだ。そもそも坂道が名所になるのかという発想がおもしろく、思うに、坂道の延長は峠道だとすれば、日光の「いろは坂」などは紅葉の名所でもあるので、大きなくくりでは坂の名所といえるのではないだろうか。

鷺坂（東京都文京区）'20 夏
撮影機種
カメラ：ニコン D800E
レンズ：ニコン AF-S　NIKKOR 17 〜 35mm F2.8

のぞき坂（東京都豊島区）'20 夏
撮影機種
カメラ：ニコン D800E
レンズ：ニコン AF-VR-NIKKOR 70 〜 200mm F2.8
（写真 2 点　撮影：黒澤利雄氏）

　旧国道18号の旧道の碓氷峠（昭和34年頃、著者は134ヶ所のカーブがあったと確認している）は、旧国鉄信越線ではアブト式ラックレールを採用するほどの66％急勾配の難所で、当初は蒸気機関車で、大正期からは日本初の電気機関車に代わった。この電気機関車の最初はEC40形（旧10000形、旧国鉄大宮工場製）であった。碓氷峠は国道と鉄道の「坂道」の代名詞と言えるのではないだろうか。

　私が紹介するのは、東京トヨペットでのセールスマン時代に、初代クラウンや初代コロナで走った坂である。昭和34年頃、現役のセールスマンであった4年少々の間、私は都内の道路を仕事で走り回っていた。イタチの道ではないが、セールスはそれぞれ普段使う自分の道が決まっている。要は急ぎで行く時や、混雑時の早道、抜け道などの類いである。

　一つ目は、文京区の小日向台から江戸川橋の音羽の通りへ出る「鷺（さぎ）坂」である。この名前の由来は何であろう。鷺の脚の様に細く折れ曲がっているからであろうか。急坂を上から下ると、三分の二ほどのところで右に直角に折れ、降りた先の細い道を横切ると、すぐに護国寺からの広い道路（音羽）へ出る。

　当時はそのまま音羽の道路をまっすぐに横切ると細い坂道（目白坂＝別名へび坂ともいう）の長い上りが左右にうねり、椿山荘の手前に出る。後年になって車が大きく

なり、すれ違いができない幅なので一方通行となる。この道は懐かしい思い出となった。

　二つ目は、豊島区内の直線の長い最もきつい急坂で、当時、坂の名称らしきものは表示していなかった。明治通りを学習院下の都電の踏切を東へ渡り、すぐ左へ曲がり、坂の上は椿山荘から目白駅に向かう通称「目白通り」に出る。この坂は、最大勾配地点で停止すると、フロントガラスの視界は空で、その先の道がどうなっているのか見えない程であった。

　当時新車の回送で、明治通りが混む時間帯には、学習院下で曲がり、急坂を上って目白通り〜護国寺前〜大塚辻町〜大塚駅〜ガン研前から飛鳥山の明治通りへ出て、溝田橋の王子営業所へと戻った。

　この坂の最も急勾配の地点で一時停止して、再発進するためには、前進４速マニュアルのトヨエースPK20（積載１トン、1000cc・45馬力）では、サイドブレーキを目一杯引いておき、１速で2500〜3000回転までアクセルを開け、ゆっくりとクラッチをつなぎ、ミートしたところでアクセルの踏みしろを半分以上、一瞬止まった状態からサイドブレーキをゆるめに解除しつつゆっくり動くという、高度なテクニックを要求された。何か積み荷でもあり荷重があったら発進は不可能だった。

　当然、雨や雪の日は危険なことこのうえない。この坂道発進の技術は腕のしっかり

した後輩に伝授した。

　三つ目は、日暮里駅の西口いまや有名になった「夕焼けだんだん」（日暮里駅方面から谷中銀座方向に下る坂）に並行して、降りる車道と階段がある坂である。

　今は通行止めとなっていると思うが、坂の下に一軒のおでん屋台があって、私は飛び込みの客だったが、いつしか馴染みになってしまった。屋台の主人は常連からは「いーさん」と呼ばれており、田端新町から日暮里にかけての「そっち界隈の道」のお兄さんであるようだった。

　ある時、のれんをくぐると「8時から仲間うちの寄り合いがありますので」といわれ、こちらも即座に「わかったよ、20分前に〆て」と咄嗟に口に出た。以後、そんなことが時たまあった。翌年の初夏、「冷えたビールの用意ができました」といわれビックリした。電気もない屋台でどうやって冷やすのだろうと不思議に思ったら、クーラーボックスに氷を詰めて持ってきており、中にはキリンラガーの瓶が冷やしてあった。

　おでんの味もさることながら、サービス精神も旺盛であると思った。料金も材料に見合う良心的な価格だったこともあり、セールスマン時代が終わっても、季節を問わずに通った。そこで駅近くの老舗のせんべい屋や、下町ムードの八百屋の若衆とも知り合った。

或る時、いーさんから「ちょっと困っていることがあるんだが」と相談をもちかけられた。聞くところによると、すぐ近くの果物店の若旦那らしき息子がちょくちょく一杯飲みに来てくれるのだが、長っ尻のうえに、周りの人たちと雰囲気が合わないので客が離れてしまうんで、という。いーさんとしては、むげにもできないので、何か良い方法はないかと、思いあぐねていたらしい。私は「わかった。3か月待ってくれよ。何とか巧くやってみるよ」と請け負うことにした。

　当時、給料をもらうと坂の手前左側の老舗のせんべいを買って家に持って帰っていたのだが、それをやめて、ターゲットを八百屋兼フルーツ屋に変更し、印象づける狙いでさくらんぼやぶどうなどを買い、馴染みをつけて話を持ち出すことにした。

　まず、おでん屋ののれんをくぐってちょっと飲んでから、果物屋に顔出しし、6月頃にさくらんぼ2パックから始めて、秋の甲州ぶどうも終わりかけの頃、「屋台に持っていくと置くところがないから、帰りにもう一度寄るから予約で頼むよ」と取り置きしておいてもらい、毎度繰り返した。

　頃合いをみて、親父さんだけの時にこうもちかけた。「そこの屋台の話なんだがね、お宅の若衆が飲みに来てくれるのはありがたいんだが、長い時間くっついていて周りの客と合わなくて、屋台のお兄さんが頭を抱えちゃってるんだよ。若い人が屋台に行っ

たら、そのままにしておかないで、適当なところで誰か迎えに行ってあげた方がお互いに長続きすると思うんだが」。

　親父さんは話のわかる人で、かえって礼を言われてしまった。そして1か月を経て屋台に顔を出すと、いーさんが「この皿、サービスで受け取ってくれよ」という。私は「俺だって江戸っ子の端くれ、自分の食ったものは自分で払うよ」といいながら話を聞いてみると、どうやら巧い方にいったらしい。例の若旦那は30分足らずで一杯やって、店の者が呼びに来るとすぐに帰るようになり、最近はもう顔を出さなくなったらしい。「毎晩本当に困っていたんだよ。かといって目の前の店の人だし...。お客さんはどうやって話をつけてくれたんだい。あんた凄腕だね」と言われ、返事に困った。

第 **11** 章
〔販売〕

一期一会の出会いと、日産・

浅見セールス（連続日本一）

との対面

第11章

〔販売〕
一期一会の出会いと、日産・浅見セールス（連続
日本一）との対面

　人と人の出会いには、時が過ぎると夫々に思い出や、人生の中での印象が強く残る一駒があると思う。自分の生涯で出会いと再会するチャンスは、凡そ１〜２回程度と考えるのがごく普通と思う。

　鮫島君とは私が大学２年生の夏、日本橋髙島屋のアルバイトで出会ったのが最初、というより、アルバイト募集に応じて、中大の面接会場の御茶ノ水の大学校舎で出会ったのが最初と憶えている。

　日本橋髙島屋の１階の嵩物配送係の現場で出会ったのが２度目、偶然の出会いであった。そんなアルバイト期間の終わりに近い頃になって、売場主任から「今年は中元の量が多く、残って続けてもらいたい」といわれたのが７月末で、その時５〜６人いた学生の中で、私は「鮫島、お前どうする。この職場の主任は業務の改善努力はなく、永年のキャリアで日々業務を流しているような人だ。この中で僕一人では到底出来な

東北大学 野草園（仙台市）'08 夏　撮影機種：ラッキーズームマクロ 35 〜 70mm

いが、どうする。残るとすれば２人しかいないよ。他の４人は期限でやめるようだが。」
ともちかけた。鮫島君の承諾を得て、私は「主任、あと１週間か10日なら続けますよ、
鮫島君と。」と答えた。

　その８月上旬の第一週の月曜日、６階からの配送依頼品で、石灯籠の一部分が台車
の上にあった。しかしよく見ると、あるのは笠の部分と火袋の四角の部分だけで、柱
と台座がなかった。伝票を確認すると、個口の六のうち、「一」と「三」とが付いてい
たが、一基分のセットでないので、発送受付のフロアの隅に重ねて、次を待った。
　翌火曜日の朝、バラバラの灯籠の台座が混載で来て、午後になって今度は柱が同じ
ように台車に乗ってきた。私は六個口の伝票を回収してまとめて押印して、一台の台
車に六個口をまとめて乗せ発送した。そんな経緯に納得が出来ない私は、主任に、「６
階の家庭雑貨のチーフは誰か。二日にわたってバラの灯籠を３つに分けて配送するの
は百貨店の商売ではないだろう！」とまくりの舌で喰いついたら、「俺達は送るのが仕
事で、いちいち品物を見ている訳ではない！」との返答。私が「石灯籠をバラで送付
するのがデパートの仕事のやり方ですか！」と再び喰いつくも、「バイトのお前には関
係ない！」と一蹴された。

翌日の水曜日は、日曜日のあおりで未だに出荷が山のようにあったが、2時過ぎに6階に行って「1階の出荷のバイトだが、月曜日に石灯籠のお客様への発送依頼をしてきた担当者に会いたい」というと、「今、居ない」とのこと。「日本人なら石灯籠は、お買い上げいただいたお客様に1セットで送るのが当然と思うが、二日にわたってバラで送るとはどういうことか。嵩物配送係は迷惑している。常識で物を売れ！」と気合を入れた。

　翌朝主任から「お前、昨日6階に行ったか」と聞かれ、ひと言「行った」と答えると、「余計なことはいうな！」と怒鳴られた。納得できない私は「うちは髙島屋ですよ。髙島屋がバラバラの商品を世田谷に送るんですか！」と返した。

　その鮫島君とは大学2年生の夏、バイトが夜8時から9時に終わったあと、「下宿じゃなくて、浦和へ来て泊まれよ」と誘ったこともあった。その様なことが二、三度あっただろうか。その後は会う機会もなかったが、最後に別れてから3年後、私も東京トヨペットのセールスとして働きだした頃、テリトリーの荒川の町中で、驚いたことに彼と偶然に再会した。彼は荒川宮地のロータリーで明治通りを王子方向へ向かっていた。私はちょうど京成新河島の高架を抜けて10ｍ程進んだところで反対車線の1台の

車に気付き、「おや、東京トヨタの社用車が俺のテリトリーに入っているな」という意識で、なにげなく右を見ると、何と運転しているのは鮫島君ではないか。私が思わず大声で「おーい、鮫島！　止まれ！」と叫ぶと、彼も何事かと気が付いたようで、お互いに明治通りの左右に停車し、駆け寄って再会に驚いた。後にわかったことだが、彼は鹿児島トヨタ自動車の諏訪オーナーの一族の一人だった。彼にテリトリーは何処かと聞いたところ、墨田・台東・荒川の新車販売を担当している、とのことだった。「東京トヨタの RK 型トラックと大型トラックという扱い車種では、販売も苦労するだろう。車を売るなら、何故東京トヨペットにしなかったのよ。今から移ったらどうかと思うが、どうだい」と勧めたところ、彼は「しばらく頑張るから、情報があったら頼むよ」と答えた。

　そんなことがあってまた数年が経ち、私が品川本社の担当員室へ異動になる少し前、大口ユーザーの出島運送様の社長にダイナの購入をお願いすることになった。当時出島運送では、1トン車のトヨエースを使っていただいており、運送契約先の三越の下請けをしていた三浦印刷さんの下で、報知新聞を都内から千葉へ配送する下請けの仕事もしていたが、所有する 15 台のトヨエースをフル回転しても、総て過積載になって

しまう状況であった。そうなると、週に2回はパンク修理でタイヤの預り、次々にクラッチは滑るは、ラジエターからは水漏れするは、ブレーキは前後バラバラで、エンジンもよくもって2年が精一杯というところだった。それでも社長は「過積の時はダイハツの三輪2台と日産の2トン車を使うから大丈夫だよ。心配するな。」といって下さる、私にとっては大事なお客様であった。

　当時ライバルの日産はイギリスのオースチン社と提携しており、出島運送には浅見氏という、他メーカーにも聞こえた伝説の日本一セールスマンが担当で出入りしていた。オースチンA50とキャブオールの2トン車が1台あり、ハウスセールスの私などでは勝負にならないのは自明の理である、と思っていた。それでも「日本一の浅見氏にトヨタ車を取られたとあっては一大事だ」と、私なりに頑張り、2トンのRK160（ダイナ）を2台入れていただいた。

　ある時、「社長、よろしく頼みます」といおうとしたところ、「いま君と話をしている時間はない」と、大変忙しい様子であった。それは土曜日の午後、後楽園球場での巨人戦は後半の夕方4時過ぎで、ジャイアンツが勝つと、報知新聞の印刷部数が倍からそれ以上になることがしばしばあるらしい。ジャイアンツの勝ち負けいかんで、車の配車台数が急に変わるからである。それ以後、土曜日の午後に訪問することは遠慮

して、毎週金曜日の午後に変更することにした。その頃、秋の日射の強い午後3時過ぎ、出島運送を訪問し事務所に入った時、金縁眼鏡で三つ揃えの背広を着こなした紳士とすれ違った。ピピッと私の背中で神経が走った。しばらくして事務員の女性に「今の方は」と尋ねると、「社長に聞いてごらんなさい」とのこと。「社長、今の方はどなたですか」と尋ねると、「ああ、今のが日産の浅見だよ」と。私は茫然としてしばし声が出なくなってしまった。やがて社長が「なに、心配するな。年に2、3度挨拶に来るんだよ」と。私はなんとかまとまらない気持ちで日頃毎週訪問のお礼を申し上げて、その場を辞した。貫禄、格が違うというのはこういうことだと実感した。これを乗り越えるのは何か、しばらく、そして永く考える自分であった。

　後年、出島運送で使っていただくダイナも20台に達し、鮫島君もダイナ販売特別賞を受賞したと聞いた。下町に人情と親父の気風あり。感謝。

第 **12** 章
〔販売〕

下町のブランド

（トイレ・サンポール）

第12章

〔販売〕
下町のブランド（トイレ・サンポール）

　75歳を過ぎる頃、いつしか一人でドラッグストアへ行くようになった。そこで目についたのは、トイレ用品の「トイレサンポール」だ。

　かつて昭和34年、私がセールスマンとして専任テリトリーとしていた町屋・三河島・南千住・尾久町の荒川区の中にあったユーザーである。

　昨今はブランド力がものをいう時代である。無名の新商品から製品化から60年近く経ち、今では荒川区から出たブランドと思う人は誰もいない。

　荒川区のブランドといって他に思い出されるのは、他に一度納車したことのある台所キッチンセットで有名な「クリナップ」（当時はクリーンナップトリオ）、三河島4丁目の自転車のハンドル専門メーカー「日東ハンドル」、今はなきブランド「セキネ自転車」、「ゼブラ自転車」は50ccのバイクも作ったがコンドームも製造し、その後タイヤ・ゴム事業は「岡本理研ゴム」と合併した。

　いずれのお客様にもトヨエースの2代目PK20型を購入していただき、特に「セキ

安芸の宮島　厳島神社（広島県）　'89 春
撮影機種：マキナ 6×7

ネ自転車」は常時12台使用していただいた。

　都内のスーパーのはしり「青楓（セイフー）チェーン」には、同社の本部が葛飾立石から三河島の尾竹橋通りに移転した頃、ダイハツの三輪車を相手にPK20で勝負した。ベテランの社長である青山商店のオーナーは、日用品雑貨を積んでダイハツ三輪車で自身で何度も青森まで走るという。

　あの当時の国道4号線は、私は関東信越山岳道をパブリカ初代で2日で1000km走ったことがあったが、その私でも青森までの遠距離は想像がつかなかった。

　さて「サンポール」社のエピソードは拙著「感動をユーザーに」（P181）の中で別の話題で紹介したが、今日でも当時の記憶が鮮明によみがえる。

　最初は「サンポール」の表示で容器は基本的には同じだが、現在は角が取れてより丸くなり握りやすくなっている。記憶の限りでは三度目のスタイルが現行である。会社名は最初「日本電酸工業」から現在は金鳥蚊取り線香の「大日本除虫菊」となっている。工場は尾久変電所の北寄りで、あの地域ではかなり広い敷地である。戦災の跡地であるということが一見してわかる一帯であった。昭和の物干し竿に洗濯物を干すようにサンポールの容器を紐で何段も瓢箪のように吊り下げ、日光に当てていた光景が思い出される。変色、品質の検査のテスト品である。全部に3桁のナンバーがマジッ

クペンで手書きで書いてあった。

　私が営業で月2回訪ねると、時々購入担当部長から帰り際に「サンポール」を1ケース渡され、使用した具合の結果報告を依頼された。いわゆる試供品テストである。持ち帰っては社のお掃除の担当者にその都度お願いした。先輩や同僚からは「シマダはトイレ用品のセールスマンも始めたのか」と、冷やかされる始末であった。

　最初の訪問時に中古車で購入したダットサンバンを2台保有していることがわかった。もう1台ダットサントラックが修理中であることも後にわかった。この時に買っていただく訴求点は何かを考えた。「①新商品の展開」「②配送する量の拡大」「③行動範囲の延長」と想定し、毎月の支払条件など明確な予算を知るための方法を考えた。

　訪問すると、必ず卓上には毎月発刊したばかりの「主婦の友」「主婦と生活」などの家庭向けの月刊誌が置いてあった。待っているあいだに既刊の雑誌を見ていると、商品の「サンポール」の広告面が目に入った。私は「ポイントはここだ！」とひらめいた。さりげなく「今月は何頁に記載ですか」と営業部長に伺う。3か月、4か月すると営業部長の関心を引き付けたようで、そこで話題を情報収集に切り替えた。まずは配送先の県の場所などを伺い、次の機会には使用している車の月々の修理費を確認することにした。4か月くらいかかって、修理代は月に4〜5万円くらいで、月によっては突

出することもあるということがわかった。そんな情報収集を続けること１年が過ぎて、ようやく訴求点がまとまった。

　まず毎月の返済額は５万円台とした。そしてトヨタの新車に切り替えれば月々の修理費は維持費だけに代わると強調した。また新車になれば配送距離を延ばすことができることを訴えた。例えば茨城であれば水戸から日立の先まで、神奈川は静岡市内まで延ばすことができる、と。それに加え積載量は現行より 35% は増加することもアピールした。

　私の訴求は功を奏し、新車のマスターエースバン（マスターエースバンは後年廃版となりクラウンバンになった）を購入していただくことに成功した。納車後３か月の実感を伺うと、毎月の修理代は今までの約半分に減り、ドライバーにも受けが良いので納品が多くなり、行動範囲も広がった、と良いことづくめのようであった。

　婦人月刊誌を見ると広告面が大きくなっていた。すぐに部長に「広告面が広がりましたね！」と話しかけると笑顔が返ってきた。これは２台目代替のチャンスだ。半年後にもう１台の代替を促進した。

　その後は順調で、同社にはトヨペットクラウンバン（旧名マスターエース）を４台、トヨエース・型式 PK20V（バン仕様）を２台納めた。お客様の業績は好調で、当初は

首都圏までで、マスターエースバンになって2年足らずで西は四国・高松まで販路が伸びた。

　余談だが、当時は本州から四国に渡るには宇高連絡船のフェリーを使うしかなかった。その連絡船では昭和30年に168人が死亡する沈没事故が起こり、犠牲者の多くが修学旅行生であった。この事故をきっかけに本四架橋（本州四国連絡橋）が完成した。瀬戸大橋ができるのははるか後年である。後年、年度優秀社員を連れて国内表彰旅行に行った際、岡山から鉄道を利用し、宇高連絡船で高松に着いた時には、昭和36年の現役の当時を思い返し、私の販売した車が都内から遥かに遠くサンポールを積んで、ここまで来たのかと思い感慨ひとしおだった。

　この頃パブリカが発売となり、「サンポール販売促進のために店舗訪問用の小さい車が必要」ということで「サンポール」社から引き合いがあった。私のいるトヨペット店の扱い車種ではなかったので、王子営業所の先輩であった玉川係長（後年トヨタ東京カローラ中古車部長）の転勤先であった「パブリカ朝日」（後の「トヨタ東京カローラ」、現在は「トヨタモビリティ東京」）に依頼したところ、パブリカバンを10台ご購入いただいた。

　私が品川の販売店部へ異動した昭和38年には総数22台を超えていた。

　当時サンポールの容器を握った手の絵をマスターライン（クラウンバン）の左右ドアに絵看板として入れてほしいと依頼された。芝浦の新車点検（東京トヨペット芝浦受渡課）の職方の親方に依頼すると「便所の薬の絵なんか描けない、断れ！　絵ではなくて文字にしろ！」と拒否されてしまった。そこをなんとか幾重にも頭を下げてお願いし、しぶしぶ引き受けてもらった。

　数日して仕上がったとの連絡があり、ユーザー同行で確認してもらったところ「商品を握っている手がしっかりしているように見えない。もう少し何とかしろ。」とのこと。職人からは「食べ物でないならこれで十分だ。」と、私は間にはさまり全く困ってしまった、という思い出もある。

　本当に弱ったことが数多あり、下町の町工場から生まれ60年経った今日でも目にすることができる「トイレ・サンポール」を買うたびに思い出すのである。深夜までアフターサービスに訪問・引取をしたことで、月初に出発し月末に帰るまで出先で走らなくなったことはなかった。3日間で完全整備して納め、また地方へ出る、毎月その繰り返しである。この万全を尽くす努力が後に自分のやりがいとして残ったと思う。それが下町セールスマンの意地にもなり、現在の自分自身への気概にもなっていた。

第13章
〔販売〕

マル専手形・割賦販売の
ユーザー気質

〔販売〕
マル専手形・割賦販売のユーザー気質

　私がセールスマンとして新車を販売していた時代（昭和34〜38年）は、車の販売が月賦販売（約束手形の現金化は銀行・信用金庫に持ち込んで事務処理をする）の時代に入り、支払い月日を記入した約束手形をユーザーから受け取った。

　金利アドオン8%という、現在から考えると非常に高い利息であったと同時に、不渡りも多かった。まだ手形用紙はディーラーの専用品はなく、文房具店のコクヨ等の一般の約束手形用紙だった（東京トヨペットは自社で作成していた）。その後、取引銀行の用紙となっている。

　当時の東京トヨペットの販売条件は、頭金はトヨエース10万円、マスターライン（後のクラウンバン）20万円、クラウン30万円で、割賦月数はユーザーの信用状況により10〜12か月、トラックで15か月というところで、営業所（店）により販売条件に差異はあったと思う。

　私のテリトリーの荒川の一般の個人ユーザーの多くは、普通預金も当座預金も平均

屋久島 大川の滝 '95 夏　撮影機種：マキナ6×7　　　　　　　　　　　　　　　　　　　　※リポビタンDのCM撮影地

月末残高は3万円台というところが多く、個人名義の口座でも、法人名義であっても、似たり寄ったりだった。

　信用調査の評価は、良い方からA・B・C・D・Eの順で、Aは私のユーザーにはなく、Bが最高、Cがほとんどで、Dのユーザーさんはどう納めようか、どう面倒を見るか考えどころであった。

　ちなみに、Eは評価見込み不明。とはいっても、Eでも場合によっては車を納める事になるが、多い時は毎月2〜3件あったように記憶している。私の場合、納車後の不渡りは全数のうち3件、CとDから出た。

　割賦販売の場合、そのお店の中にかかっている銀行名入りのカレンダーを飛び込み訪問中から確認し、いざ購入車種も決まり、取引金融機関の話になった段階で「カレンダーの銀行で良いですか」と伺うと、90%近くは他行になる。

　事務所内には見栄もあって大手銀行のカレンダーを下げているが、実際の取り引きは別というわけである。

　ある時、ペンキの内装職のお客様で郵便貯金と信用組合の取り引きのみと言われ、これには面食らった。

　手形交換ができないので、毎月自宅払いで振り出した約束手形を持参し、現金と引

き換えたことを、今でも生々しく記憶している。

　このペンキ店はD評価だったが、仕事上どうしても車が必要なので「何とか乗せて下さい。材料のペンキ缶と職人の数の脚立を運ぶにはトラックがどうしても必要で、今までは距離の遠い仕事は断ってきたが、何としても仕事が欲しいんだ。」と親方の親父さんから言われた。

　家族からも膝詰めで「節約して毎月支払いますから。」と言われて、トヨエース1トン車を受注した。手形12枚のうち2回払えなくなり、上司の課長を説得して、手形差し換えで翌月の月中払いとなった。12回目の手形は12月20日払いで預金残3万円に足りず、「無理なので何とか助けて下さい」といわれ、お客様も年末の支払いもあり必死である。組合払いの約束手形だから手形交換にまわらず通常の不渡りにはならないのだが、完済しなければユーザーも私も毎月の努力は水の泡になる。手形は1ヶ月先の20日払いに延期し、13枚目を最終とした。

　当時、東京トヨペットの王子営業所では信用状況が不安定な新車購入希望者には、12ヶ月以内の支払い約束手形でないと信用調査の決裁が出なかった。このお客様は結果は13ヶ月払いとなり、途中差し換えが2回あったが、なんとか終わった。

　お客様には約束手形の知識もなく、13ヶ月払の毎月支払い日の5〜7日前に訪問し、

そのつど手形期日をご主人かオカミさんに伝え、何回も「頼みますよ」とお願いした。その都度当月の約束手形を持参し、現金をいただいた。つまり月に2回以上伺っていたわけだ。このくらい訪問すると日常の生活ぶりは良くわかり、決して贅沢や余分なものは家にはなく、仕事や日常生活はまじめな家族だった。

　それだけに、何とかユーザーが自分の車にしたいという気持ちを手伝えたことは下町のセールス冥利に尽きた。同じように、建築下請けの土木工事のお客様も5社あり、同じように繰り返した。

　完済したあの年の1月末は、王子駅前食堂で同期の熊谷智彦君（早稲田大・政経卒）を誘って2級酒（清酒）2本で「やっと終わったなぁ」と、1ヶ月前の師走の頃の気分に戻った。酒を酌み交わしながら、熊谷君は「僕には到底三河島はできないよ！　シマダ君はよくあそこまで入り込んでやるな！」と何度か口にした。

　彼のテリトリーは北区赤羽の志茂と浮間地区で、当時の浮間地区は夕立に遭うと、工場街で庇のない建物ばかりでずぶ濡れになった。金属加工などの工場が多いという点では私のテリトリーである三河島・町屋に似ていたが、街全体の雰囲気は全く別の地域だった。

　彼は横浜の京急・日の出町から横浜駅で乗り換え京浜東北線で王子駅（桜の飛鳥山

で有名）まで通勤していた。読書家でいつも2～3冊の本を手にしていた。私は「下町のセールスにはカントとか古典ものはいらないよ。週刊誌で話題が拾えるからね！」と日頃話したが、彼が変わることはなかった。

　塗装・内装のユーザーが完済した翌月、同じ三河島1丁目の古紙回収業のK様の購入情報が入り、係長が後輩にではなく「シマダ、行け」と言うのでピンときた。それまでの経験で「難があるな！」と察した。周囲の状況は飛び込みで歩いている地区なのでわかるのだが、見落としたのかと考えた。

　行ってみると、2階建ての倉庫には古紙が満杯状態であった。その倉庫の2階の一部が居室になっていて、そこで話を伺った。

　「中古車は使ったけれど良くなかった。何処の販売会社もセールスが新車を売ってくれないのだが、あなたはどうか」とすぐに言われた。私は「申し訳ありませんが、まずは社内の販売購入調査依頼の結果を待たないと、はっきりしたことは申し上げられません」と伝えた。

　3日後に出た調査結果は案の定良くなく、判断に迷った。評価は低いし、購入名義は奥様である女性名義の登録希望であった。当時は女性名義の評価はより低かった。

　前の月に塗装業のユーザーが何とか完済したのでホッとしたところであったが、2月の受注台数目標も厳しいし、商品である古紙は満杯の在庫があるので、私は納める意思を固め注文書を出した。先方は「きみ、大丈夫なのか！」と驚いたようすだった。私は「何とかしますから、12ヶ月ですがよろしいですか」と伝えた。

　1ヶ月後の納車日にはご夫婦に笑顔で迎えていただいた。約束手形の署名捺印が済んで、1週間後、1ヶ月後、3ヶ月後の訪問日を伝え席を立とうとしたところで、「お祝いの膳を用意したので座って下さい」と言われた。回収した古紙の山のような中の2階倉庫内の居室で、円形のちゃぶ台でご馳走にあずかった。新三河島駅前の魚屋で用意した鮪の刺身で、奥さんに「私の手料理ですが手をつけて下さい」とすすめられ、いただいた。その席に納車の足として迎えにきた同期の熊谷君も誘われたが、彼はかたくなに辞退した。

　後日、まだ桜が咲く前の寒い日に王子駅前で一杯飲んだ時「三河島の住人でもないのに、シマダは街に溶け込んでいるよ！　あのちゃぶ台の刺身は、申し訳ないけど僕にはダメだった」と、彼は繰り返した。

「マル専手形（まるせんてがた）」

「手形」とは

　昔はてのひらに墨などを塗って、一定の内容の証明となる証文には手形を押したことから、転じて一定の資格や権利を証明する書面そのものも手形という。現代では、有価証券としての一種である「約束手形」と「為替手形」を指すのが一般的である。

「約束手形」

　手形の振出人（発行者）が、受取人に対して、一定の期日に一定の金額を支払うことを約束する形式の有価証券のこと。手形は、2〜3か月程度の中期信用を担う手段として広く利用されていることもあり、日本国内で流通する手形のほぼすべてが約束手形である。

「マル専手形」

約束手形の一つ。別名「月賦手形」とも呼ばれる。

自動車など高額商品の分割払い用の手段として利用される。商品購入の際に金融機関で専用の当座預金口座（マル専口座）を開設し、分割払い分の手形を振り出し、販売者に渡すものである。手形用紙には「専」という字に○で囲いのあるマークが入っている。

振出人は、毎月の支払期日までに必要な金額を当座勘定口座に入金しなければならない。2回の不渡りを出すと、銀行取引停止処分を受ける。割賦支払いが全て終了すると、マル専口座は自動的に閉鎖される。

1980年代まで自動車購入時の分割払いに使われていたが、自動車ディーラーの債権回収業務の負担が増大したことなどから、1990年代以降自動車メーカー系ファイナンス会社や信販会社、銀行など金融機関によるオートクレジットやオートローンの拡大により、「マル専手形」は制度としては存在するものの実際の利用はほとんどなくなっている。

※この原稿の最終の校正をした 2021.2 月の四週目、テレビのニュースで、4 年後の約束手形の制度廃止の知らせを聴いた。自動車販売の歴史の一片となった。

宝筐院（京都市）'10 秋
撮影機種：マキナ 6×7

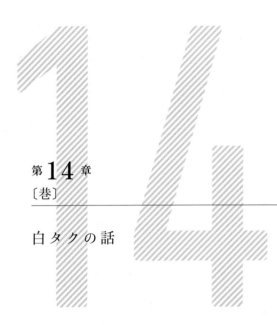

第 14 章
〔巷〕

白タクの話

第14章

〔巷〕
白タクの話

【前編】

　白タクの話は久しく耳にしなかったが、今年（平成30年）に入ってから新聞記事で、また出没し始めたと知った。訪日外国人観光客が増えたことを背景に、彼ら向けの白タクが問題になっているようだ。

　法律でタクシー事業の許可を受けた場合、車のナンバーは緑地に白の数字の営業車ナンバーになるが、無許可の自家用車（通常の白地に緑の数字）で営業行為を行うことを「白タク」という。もちろん違法行為である。昭和30年代の中頃や、昭和50年代に市中に出現した記憶がある。

　とくに、昭和30年中頃の銀座や新宿の飲食街によく出現した。酔客が帰り始める夜の9時前後は、タクシーが決定的に足りなかったようである。昭和50年代になると、都内では個人タクシーの数も増加したが、ドライバーの高齢化による個人タクシーの休車（稼働率が低い）も多く、需要に追い付かなかったのであろう。

隠岐の風蘭（さいたま市自宅）'98 夏　撮影機種：ハッセルブラッド 6×6　プラナー 80mm F2.8

　白タクに乗車体験してみたいと考えていたのは、東京トヨペット在籍のセールスマン時代であった。しかしユーザーでもあるタクシー会社の手前、白タクに乗るのは道義的に考えても許されることではない。「超法規的な場合なら」とか「緊急事態であれば」などと考えたものである。

　その様な時代背景の昭和35年頃、銀座で飲んで夜8時過ぎ、並木通りの6〜7丁目あたりに、新車ナンバーのヒルマン・ミンクス（いすゞがノックダウン生産していた日本製英国車）が止まった。この頃のヒルマンはブレーキが甘く、あまり乗りたいと思える車ではなかった。その車は白のシートカバーを全席に装着し、夜目にも真っ白に見えた。現役のセールスマンであった私は、一瞬で普通の自家用車でない事を読み取った。本能的に車に近寄り「いいかい？」と聞くと、ドライバー氏はぎこちなく承諾した雰囲気だった。やはり白タクであった。

　この頃になると、私もタクシー交渉に関しては、百戦錬磨とまではいかないものの、かなりの交渉力がついていた。自らヒルマンの後ろのドアを開け、座席に着いたと同時に「浦和。17号。」とタクシー（営業車）と同じ様に告げた。

　ドライバーが「埼玉ですか？」と言うので、「そうだ。県庁所在地だ。」と手短に対話した。後ろを見ると、白いリヤーカーテンは恐らく純正品だ。シートカバーといいカー

テンも上物である。ドライバーは会社の専任ドライバーではないと見た。アルバイトやパート契約のドライバーにも見えない。

　この頃、銀座・新橋界隈の社用車ドライバーは、会社のその日の業務が終わると、そのままハンドルを握って街に出て、9時頃までチョイマの小遣い稼ぎをしていたのを聞いていた。

　「お客さん、浦和まで時間どの位ですか」とドライバー氏が尋ねるので、「17号国道で45分前後で、志村から戸田橋経由ですよ。」と答えた。「埼玉は初めてですか？」と尋ねると、「先週は初めて埼玉・秩父まで行って、帰りは道がわからなくて、ひどい目に遭いましたよ。中野まで帰るのが明け方になっちゃいました。」と愚痴る。

　「貴方、ずいぶんと良い車でこんな仕事していますね。」と尋ねると、「月に2〜3回、夜だけ趣味でやっているんですよ。」とのことだった。そこで、セールス根性で突っ込んだ。「貴方、昼間の会社のドライバーではないでしょう。」と。すると、「ええ、中野で中華料理の店をやっているんですよ。車が好きで、無理して新車を買ってしまって、家内からもブツブツ言われ、月賦の支払いが大変なもので、見よう見真似で走っているんですよ。」と話すではないか。新車のセールスマンの私としては何ともいえない気持ちになった。別れ際に、「どうぞ都内から近い所でドライブを楽しんで下さい。」と言って降車した。

【後編】

　現役のセールスマン時代、北風の冷えも感じられるある年の11月頃、京浜東北線（正式には東北本線で、京浜東北は俗称）の赤羽駅で、席が空いたのが仇となった。ラッキーとばかりに座ったはいいが、銀座で飲んだ帰り道で、昼の仕事の疲れと酔いでうとうと、浦和駅で下車するはずが、与野駅でドアの閉まる音で乗り過ごしに気が付いた。

　終点の大宮駅で定期券の乗り越し精算金の10円を支払った。財布の残り100円玉1つで大宮駅の西口を出た。

　すると、白タクの呼び込みの声が聞こえた。行先は浦和方面で100円しか持っていないのだが何とか乗せてくれ、と交渉すると、「お客さん、100円かい!?」と眉をしかめられる。「今日うっかりして持ち合わせがない。普段は浦和駅では乗せてもらっているよ。」と言うと、呼び込みのお兄さんは「浦和はわからないな。仲間がいるけど。まあ、そのよしみで頼んでみるよ。」という。

　ドライバーのお兄さんは「100円で浦和じゃ、降りるのは最後でいいか？　近い所から行く順で南中野、片柳、領家（現在のさいたま市東部方面）になるが。100円じゃ浦和駅までだね。それでも良ければ乗ってくれ。」と受けてくれた。

　車はクラウンで、ドライバーを含めて先客とともに6人ぎっしり乗り込み、予告通

りの道順をぐるぐる回って、50分後に浦和駅西口に着いた。そこからは家まで20分程を歩いて帰った。

　教訓。酔って電車に乗ったら、降りる15分前に座るのは絶対タブーである。

永観堂 紅葉（京都市）'98 晩秋
撮影機種：マキナ 6×7

第15章
〔整備・メカニック〕

旧トヨタ会館の屋外駐車場で
M型シングル6発の
カムシャフト交換

第15章

[整備・メカニック]
旧トヨタ会館の屋外駐車場で
M型シングル6発のカムシャフト交換

　　もうほとんどの人達には、望郷の彼方ともいえる一つの歴史がトヨタ店の中にあった。それは全国販社の「クラウン同好会」である。モータリゼーションの芽吹きともいえる時代、昭和30年代の中頃以降、クラウンをご愛用していただいたユーザー、特にRSD（直列4気筒・R型・1,500cc・48HP）・RS20（1,500cc・62HP）・RS30（直列4気筒・3R型・1,900cc・80HP）・RS40,41（3R型・1,900cc・80〜90HP）・MS41（直列6気筒・SOHC・M型・1,988cc・105HP）に乗っていただいた個人経営者オーナーを中心とした、ユーザー各位の同好の志の集まりである。東京では「トヨペット同好会」と称した。私が東京トヨペットから埼玉に戻った時（昭和39年）には「埼玉クラウン会」が存在した。初代会長は岩槻市（現さいたま市岩槻区）の会計事務所の所長と聞いている。昭和38年頃より北浦和駅の傍の岩崎病院の岩崎先生が会長で、副会長は川越市内でガソリンスタンドを経営されていた矢沢社長、それに幹事が数名という構成であった。

談山神社 十三重塔（奈良県）　'03 秋
撮影機種：マキナ 6×7

　時代は昭和 39 年の東京オリンピックで、新幹線が東京－大阪間で開通、東京タワーも昭和 33 年の秋に完成していた。当時、三田の学生だった私はクラスメイトと 4 〜 5 人で、三田の都電通りを歩いて完成後 1 週間の芝公園のタワーへ、ある土曜日の午後さっそく見に行った。しかしエレベーターは満員で 1 〜 2 時間以上待たされるといわれ、他に上る手段はないかと係員に尋ねたところ、階段があり無料で上ることができると教えられ、自らの足で上ることにした。階段を上りきった終わりで、鉛筆 1 本か大学ノートを受け取ったと記憶している。あの頃の東京湾は、今から思うと広く広く、房州の木更津辺りまでよく見渡せた。勿論お台場でも船舶の往来は少なく、日の出桟橋に貨物船が岸壁に 2 〜 3 隻程度で、つまり海が広かったのだ。羽田空港へ行く今のモノレールは、当時は日立運輸と称していた。当時は今と違って埋立地は僅かで、海上を走る部分がほとんどで、羽田整備場前までは海上が 90% だった。よく海上でストップしてしまっていたのが記憶にあり、乗り物に興味がある私でも、乗る意欲は持てなかった。

　さて、話は戻ってクラウン同好会だが、私が埼玉に来て 2 年目に名神高速道路が東名高速道路よりも先に完成し、同好会の方から「クラウンで高速連続走行をしたい。」という申し出があった。計画では、まずは名古屋まで下の道、東海道国道 1 号線で西に向かい、名古屋市内で 1 泊、翌日の午前中にトヨタ自工の、当時最新設備でクラウ

ンの組立ラインのある元町工場を見学し、午後から名神高速道路を大津まで走り、大津の『ホテル紅葉（当時の名称）』で1泊して、翌日埼玉まで戻るという2泊3日の行程。「常務（私）は東京で同好会の手伝いをしていたのだから、会員の気持ちはわかっている筈だ。道案内をしろ。」というわけである。2〜3台なら兎も角、20台以上のクラウンで1号線を箱根越えするのは如何にも無謀と進言したところで、当時の旦那衆からしてみれば、30歳そこそこの私の言葉など聞く耳持たず、全くの無視である。当時の自家用車であれば、1日の距離は、南であれば箱根の温泉か熱海、伊東、伊豆熱川辺りまで、北であれば軽井沢、上山田、水上、塩原、せいぜい磐梯熱海が一番遠い所であった。私は万全を期するため、当社サービスのメカニックの腕利きである寺山主任（ご自身の都合で、昭和44年に埼玉交通へ転職）ともう一人に、サービスカーのPT26V（コロナラインバン、P型1,000ccエンジン）で同行してもらうことにした。1,000ccのバンが部品や搭載工具一式を積載し、クラウンと一緒に高速走行するのは一抹の不安があったのだが。実際予感は的中し、2日目の名神高速ではPT26Vは追走できず、追い付いてくるのを待たなければならない場面がしばしばあった。追い付いてきた寺山主任が開口一番「常務、エアクリーナーを外してもいいだろうか。」と。私が「虫でも入ったらどうする。ユーザーと離れることになるのだが！」と質すと、「その時はその時で

キャブレターを分解して清掃するから大丈夫だ。」という。前の日の事（後述）もあったので、大事を取ってフィルターエレメントだけ外すことにした。「多少は馬力アップしましたよ。」と到着時に報告を聞いた。名神高速道路は高低差があり、最高速は目一杯で 80km/h 少々程度であろうことは、このエンジンを散々乗っていたので、よく解っていた。

　昭和 41 年の国道 1 号線は既に舗装は 100% であったが、静岡県に入り、大井川の橋から薩埵峠の登り道路は凸凹で穴だらけ、時代劇のチャンバラ映画で知る所だが半端な坂道ではない。避ける余地もなくフロントのタイヤの左右いずれかがドスンと繰り返し穴に落ち、私の乗っていた社用車の RS21 はステアリングホイールの位置が、センターから 2 時の位置にずれてしまった。愛知トヨタさんの豊橋営業所に休憩で立ち寄らせていただき、応急対応をしていただいたのだが、今度は反対の 10 時位置となってしまった。もう時間もないのでそのままで走行し、2 日後帰社してから直した。

　さて一行は夕刻名古屋市内で 1 泊、翌日午前中に八事を通り、名古屋ゴルフ倶楽部和合コースの前を通る挙母街道を 1 時間半走行しトヨタ自工本社へ到着し、旧のトヨタ本社会館に着いた。その頃、お客様の 1 台のクラウンのエンジンから異音がするよ

うになっていたので、同行のメカニックが確認したところ、カムシャフトかロッカーアーム辺りから異音が出ているようだった。当時トヨタ本社の近辺には修理工場はなく、それならばとメーカーの窓口に「トヨタが作った車なのだから、メーカーでカムシャフトの交換をして下さい。」と依頼したところ、「車は作るけど修理はしない。」と全く相手にしてくれなかった。現役のセールス時代、トヨタ車体や元町工場へ2回程研修・セールスカレッジ（当時は八事にあった）で見学に来ていた私にとっては、全く納得のいく返事とは言い難かった。そこで改めて「同行のメカニックがいるので自分たちで直すから、カムシャフトを提供してくれ。」と強引にねじ込んだ。すると今度は「車は組み立てるけど、部品だけバラでは出庫できない。」と言われ、遂に江戸のべらんめえ言葉になった。「ここで作った車なのに不具合が出たら直せない。部品の供給を希望しても組立用のパーツは出せない。クラウンユーザーはそれではどうするのか。こっちの好き勝手で工場見学に来たのが悪いのか。今日工場見学に来ることは3ヶ月以上前から申し込んで、何回も確認している。クラウンの完成組立工場の見学に来て、エンジン部品の一つも分けて貰えないとは誠に情けない。修理は当社のメカニックがやると言っているのだ。メーカーに来て部品が無いとは、うちのお客様にはとても言えない。貴方それでもトヨタの本当の社員か!!」さすがに相手も怯んだようで「しばら

153

く待って下さい。」と奥に消えて行った。そして 40 分後、クラウンのロッカーアームシャフトが我々の手元に届いた。二人のメカニックは同好会の皆さんが昼の食事と元町工場を見学している間に、3 時間かかって整備を完了した。この二人の努力は今でも忘れられない。手回りの工具でトヨタ会館の前の野天の駐車場で作業を仕上げたのだ。再始動して、異音が消えているのを確認した時には感動そのものだった。寺山主任は作業を終え「常務、名古屋インター迄は、馴らし運転がてら 40km/h 以下で走って下さい。」と言った。そんな事は当時のセールス上がりなら充分承知していたが、時間がないので生返事を返した。

それから東名高速道路が完成し、2 回目のメーカー工場見学に行った。この時は伊良湖岬のホテルで泊まり、豊川稲荷に立ち寄った。

後年、私は車両本部長に就任し、車のモデルチェンジの度にメーカーに呼ばれるようになるのだが、この時のことを繰り返し繰り返し思い出すのであった。永い間には駐車場は再整備され、トヨタ会館は現在豊田市の鞍ヶ池に移転している。しかし、思い出は消えないのである。

第16章
〔整備・メカニック〕

旧本社営業所整備メカニック、
仙台宮城トヨタへ走る

〔整備・メカニック〕
旧本社営業所整備メカニック、
仙台宮城トヨタへ走る

　東北自動車道が開通していない頃と記憶しているので、昭和46～47年頃の話になるだろうか詳細な記憶がない。クラウンのユーザー様が3泊くらいの予定で仙台から奥州・平泉辺りに車の旅行プランで、その初日仙台に着いた時、エンジンの不調で宮城トヨタの仙台市内の店舗サービス工場に入庫された。

　宮城トヨタの店舗サービス担当者から当社に電話が入り「点検したところエンジン部品の交換が必要だが、あいにくその部品が当社には在庫がない。」とのことだった。その時聞いた部品の名称は忘れたが、確かに通常は在庫を置いておくような部品ではなかった。この当時は現在のように全国にトヨタ部品共販店はなく、メーカーの名古屋に問い合わせたが、特急でも部品が届くまでに3日はかかるという。

　お客様は、積年の思いで東北の地に行ったことと想像できる。現代とは違い、年に連休が少ない昭和40年代のなかば過ぎの頃である。この時代に3日休むのは、ちょっとした思いつきでできることではない。（昨今のように祝日の本来の趣旨を理解せず、

廃材を集めた路面（スペイン・バルセロナの公園）　'06 秋　撮影機種：マキナ 6×7

「体育の日」や「敬老の日」などを単なる休日と考え、日曜日に続けて３連休・４連休とする国の政策は、私には理解しかねる。)

　ディーラーマンとしてお客様にいかにしてこのまま車での旅行を続けていただくか方法を考えた。鉄道や観光バスを利用するとかハイヤーやタクシーで回るなら、何も最初から埼玉から自分の車で行くことはない（当時トヨタレンタカーは設立されていたが、今日のように充実していない時代）。お客様の気持ちは、ご自身の愛車で旅行することこそが今回の旅行の目的なのだ。

　「何とか走らせることはできないか！」私は当社のサービス本部と相談した。サービス本部の見解では「カムシャフトの異常と推測はされるが、分解してみないとわからない。」という。そこで、現地で分解している時間はないと判断し、当社ではメカニックの「研修用エンジンのＭ型とＲ型」があるから、これを輸送して現地で応急的に載せ替えることに決まった。

　10月の陽が日々に詰まるのを肌で感じる頃である。本社営業所サービス課（現さいたま中央店）のメカニックから選抜された２名がコロナバン（RT36バン）サービスカーの荷台にＭ型６気筒エンジンを載せて、一路４号国道を仙台に向かった。

その日の午後遅くに仙台に到着し、宮城トヨタの工場をお借りしてエンジンの載せ替え作業を始めた。先方とは事前に本部同士の電話連絡で、閉店後の夜間にサービス工場を一晩お借りすることを快諾していただいた。一応一通りの工具・治具はコロナバンに積んで行ったが、重ねてのご好意で「工具でもなんでも使って下さい」と言っていただいた。実は宮城トヨタのメカニックに単体でエンジンを持ち込んで作業をお願いしようとも思ったのだがこのような例は、過去に経験がなく、組合と労使の問題もあり、埼玉トヨタが来て作業をすればお客様もご納得していただけるのでは、ということで実現した。

当社の2名のメカニックは夜通し作業し、朝までになんとか完成した車をお客様にお引渡しした。朝から仙台まで走って、一晩中作業をし完成させたその気概と粘りは、感嘆と感激以外の何物でもなく、私はこのような社員がいることがとても誇らしかった。ユーザーは感動以外の何ものではなかった。

もちろん宮城トヨタさんに対しても同じ気持ちである。2代目の後藤久幸社長と私は元東京トヨペットの同窓であったとはいえ、そのご好意とトヨタ店としての絆を深く感じた次第である。

　宮城トヨタの創業者である後藤久三郎社長は戦前は GM の販売をしておられたそうで、当社の創業者である私の父の嶋田光衛もトヨタ創業前フォード・シボレーの販売店におり、昭和 10 年頃からトヨタ車の販売で親交のあった青森トヨタの創業者である小野彦之亟社長は、当社の帰路仙台で下車し、その都度病気の後藤社長のお見舞いに立ち寄りする程親密な間柄である。思うに戦前戦後、当時のトヨタ店の信念は「トヨタ車は何があっても何としても走らせる」が共通の思いであった。

　この思いは私が昭和 34 年に東京トヨペットのセールスマンとして荒川・町屋・三河島・南千住で新車販売でトラックのアフターサービスのメンテナンスをしていた時も全く同じである。今思えば自分の納めた車は業務中に故障で動かないことはなかった。当時トラックの SK-15、SK-20、PK-20 はクラッチは最長で 1 万 5000km 以内で交換、過積載の場合は 1 万 km 弱、エンジンは 3 万 km を超えるとオイル消費が多くなり、クラウンの R 型は 5 万 km 以上走った。その代わり、走る車は半月から毎月引取納車のサービスのメンテナンスを欠かさなかった。

　この時代昭和 30（1950）年代、荒川区内でセールス訪問中、同じ内容の話を何度も聞いた。それは 40 ～ 50 歳くらいの年齢の下請け等の事業主で、日支事変か満州事変

で兵隊で出征し、戦後復員できた人たちだ。異口同音に話す内容は私の名刺を見ながら「君はトヨタのセールスか。俺の同期や仲間は国産車で戦死した。俺たちはフォードやシボレーで助かった。」というものだった。戦後の 14 〜 15 年を経たこの頃でもまだ戦争に行った人たちは車輌への強い思いが残っていた。

　その後年、埼玉トヨタでお客様へ挨拶に伺うと同じような話をされるユーザーに再三お会いした。車輌故障による生死の分かれ目の印象は一生忘れないものと深く受け止めた。

ヴォス教会（ノルウェー）'01 初夏
撮影機種：コンタック G2　プラナー 35mm 2.8

第 **17** 章
〔社史〕

部品共販設立後社内問題発生

〜共販設立後のサービス社内部品

出庫業務の大混乱〜

第 17 章

〔社史〕

部品共販設立後社内問題発生
～共販設立後のサービス社内部品出庫業務の大混乱～

　昭和40〜48年の頃、当社ではタクシーの埼玉交通様の営業車を、年に2〜3回、ボディーとシャシーを分離して、A車のシャシーにB車のボディーを乗せる、俗に言う「2台を1台」にする整備を依頼された。年間を通してこの車体整備を本社乗用車整備課でおこなっていた。事故で損傷のダメージの大きいものは、比較的走行の少ないシャシーの上に別の車両のボディーを乗せて、配線からメーターから全て脱着し再配線をし、登録変更をおこない、1台の営業車を完成させた。

　昭和46年、越谷営業所の加藤敦所長より社用車の件で連絡が入った。「日野製1トン車ボンネットブリスカが新モデルの新型ハイラックス1トントラックに代わり、在庫車のブリスカの補給部品がなくなり、走らないので2台代替えして欲しい」との要望であった。

ファブリチオ橋（ローマの古代橋・B.C.62 年）　'06 秋
撮影機種：コンタック G2　ホロゴン 16mm F8

　当社では拡販対応で年に店舗の土地を２〜３か所買収することを最重点とし、社史でもわかる通り、市場規模に合わせて昭和50（1975）年に入り年に２〜３店舗を完成させており、設備投資・運転等の資金需要が切迫していた。

　そんな背景もあり、この当時は２台の代替・増車は到底無理な状況であったが、私も元セールスだから当時越谷地区では市内を除いて車がなければ仕事にならない地域であることもわかっている。仕方なく「ブリスカ２台の双方の部品を補完して１台にすることを営業所（現在の店舗）内で完成せよ」と指示をした。

　それから３年、加藤所長を本社に戻し、部品部長として部品部再生を図った。当時毎年決算で部品のデッドストックを1000〜3000万円償却していた。年間決算利益が6000万円程度なのにである。

　それ以外に当社の規模で中古車の在庫が金額で常時3000〜4000万円程あった。自社独自の電算管理システムを作り、何とかデッドストック処理を1000万円以下に削減したかったが、それにはその時の部品部員では能力的にも現状の仕事を継続しながらできないので、新車の虎の子の精鋭グループを部品部へ異動したのだ。従って課長、係長の数人は新車第一線の精鋭社員である。

昭和41年からメーカー（旧自販）の要望もあり経理の電算処理の準備をし、更に部品管理を加え、NEC大宮支店の協力を得て、3年かけて部品在庫電算管理体制が90%できつつあった。電算管理システムを自社開発しているディーラーは全国でも数少なかった。そんな折、システム完成目前にして「全国市場の大きいところとディーラー数の多い県は部品共販会社を作る」とトヨタ自販の政策が決まった。

　埼玉県もその候補になり、人材と自社システムは完成前に苦渋の結果、自販方式に転換することとした。しかし、虎の子の旧新車出身の人材だけは転籍しない約束で移行する体制に入ったのだが、自販部品部のT課長はその約束を100%反故にし、逆に必要ない人員は引き取らないとまでいわれた。結局、鉱油課と間接員は残り社内転換した。したがって転籍できなかった社員は新車営業をはじめ社内に分散配属した。

　後年、部品共販に転籍して専務に昇格した加藤氏が、役員定年になり再会して話をする機会が何度もあった。部品共販の基礎を作るため先頭に立って努力した時代の労苦の話とともに、当社越谷営業所の所長当時の話題になり、ブリスカ2台を1台の話にもなった。「あの時、営業本部長（私）から2台を1台にして使え！　との指示には所員一同"タマゲタ"」と懐古された言葉が忘れられない。

さて部品共販新会社設立後、重大かつ深刻な問題が発生した。

この当社部品部から新会社「トヨタ部品埼玉共販」へ転籍した人員は53名で、県内トヨタグループから合計で103名であったので、新会社の総員の50%を超えていた。虎の子の精鋭メンバーを含め、各営業所の部品係の電算システムの部品部員と各営業所の営業所部品係の「カーデックス」の社員全員が転籍させられた。

翌日から各営業所のメカニックは部品の出庫伝票から手配まで、部品庫の出荷を個別で各自メカニックが作業することになった。部品ナンバーを1つずつコード記入を各自が伝票に記入するという慣れない作業の結果、作業の効率は大幅にダウンし、お客様からは完成車の引き渡しが「仕事が遅い！」とお叱りの言葉が毎日、そして1年以上続いた。

やむを得ずメカニックを一時配転してサービス部品係を設置した。若年のメカニックと新入社員のメカニックを説得して、2年間だけという約束でサービス部品係として配属したが、ここでまた大きな問題が起きた。メカニックのほとんどは、もともと車いじりが好きでサービスメカニックの目的で入社したのに、毎日部品係では整備学校を出た甲斐がない、と退職する社員が続出したのである。

困ったことに、これがトヨタ学園（現トヨタ東京自動車大学校）に知れることとな

り「埼玉トヨタへは卒業生を推薦紹介できない。」という話になった。それから1年間卒業生は紹介してもらえず、再三事情説明に訪問し、2年目になり理解していただいた。それまで毎年12〜14名の新卒が入社していたがその年は4名となった。

　第二次オイルショックも重なり経営業績は下がる一方で、創業以来、私の時代で4度目のピンチの時代に入った。

シスト橋（ローマの古代橋・A.C.4〜15世紀）'06 秋　撮影機種：コンタックス G2　ビオゴン 21mm F2.8

第 **18** 章
〔販売〕

天気と販売条件は
西から崩れる

〔販売〕

天気と販売条件は西から崩れる

　昭和60年代の末期、トヨタと日産の国内ディーラーの販売台数競争が激化した。愛知と近畿圏はカローラ店も数多く、スーパー『ダイエー』もカーディーラーに参入した。

　さて、ここで気象の話だ。春秋の関東地区の天気は、九州・福岡地区周辺の降雨状況を見るとおおむね推測できる。ヒマラヤの北で発生した低気圧は上海周辺を通り、東シナ海から日本列島へ移る。福岡−東京間を1000キロと概略決め、沿岸低気圧（梅雨前線と秋雨前線）が時速30〜40キロ前後で移動すると想定し、直線で進むわけではなく紆余曲折するとも考慮して、大方の予見で考える。四国沖を通過、伊豆七島の西側を通れば、ほぼ観測はつく。「1000キロ、時速40キロ、25時間以内」と見込めば、2日目後半には雨天の確率は80％近くと高くなる。

　「本屋と居酒屋は夕方の雨で客足が止まる」といわれているが、カーディーラーの昭和60年代から平成10年近くまでの週末土日のイベントは、「午前中雨、午後止む」パターンであれば、ショールームへのお客様の来場は見込み以上となる。雨が行楽の足

親子の木、セブンスターの丘（合成）（美瑛）　'08 初秋　撮影機種：コンタックス G2　ゾナー 90mm 2.8　プラナー 35mm 2.8

止めをするからである。

　逆に午前中に天気が良ければ、お客様は車で出かけてしまい、カーディーラーには来ていただけない。とくに春秋は決定的となる。だから天気予報は得意になった。

　息子たちが学生の頃、通学などで出かける際は、天気予報を私に聞くのが我が家の習慣になっていた。「親父、今日は？」「降る！　午後、本傘、携帯！」と教え、「親父の予報は当たる」と言われて、面目を保ったものである。

　閑話休題。埼玉県内の与野地区の国道17号を挟んだ両サイドは、昭和30年代終わりから40年に長い『B・C（ブルーバード・コロナ）競争』、40年代に入り、世にいう『C・S（カローラ・サニー）』戦争、そして系列内の激戦ともいうべき『C・C（カローラ・カローラ）』と販売競争が激化していた。

　埼玉県には資本が異なる『カローラ埼玉』と『カローラ新埼玉』の2社があり、しのぎを削っていたのである。ある年の初夏、ついに競合する1社が旧与野地区の国道17号に面した本社ショールームに、「〇〇万円」と新聞紙程の大きさの張り紙を掲示した。ギリギリの価格というか、ともかく周辺ディーラーの新車販売の第一線は呆然とした。すると翌日には、競合する相手方が「△△万円」と同様の価格表示をおこない、事態は睨み合いとなった。

174

この件は、埼玉県自動車販売店協会へ『日産サニー』を販売する１社より苦情として申し入れがあった。カローラ店２社の販売競争激化のため、同クラスの『サニー』が巻き込まれ、利益確保どころか経費の確保も危ぶまれる問題になっているという訴えである。協会からは「２社の販売施策に関する事なので迂闊に口を挟むことはできないが、常軌を逸しているのは目に見えているので、県内トヨタグループ内で話し合いをもって納めて欲しい」という強い要望があった。

　結局、メーカーの努力もあったようだが、数か月を経て事態は沈静化をたどった。この件で「販社の競争相手は、同型・同レベル級の他メーカーの車種でなく、メーカーの同系列・同一ブランドにあり」ということで、競争相手は系列内と強く認識させられた。

　それ以前に昭和48（1973）年頃から、関西地区の車輌の販売価格は春・秋の需要期にしばしば値崩れがあった。昭和50年代に入り、箱根の山を越えたのである。同時にテリトリー侵害（通称：テリシン。拙著『感動をユーザーに』P260）が激しくなったのである。隣接の他県への販売である。

　戦後のカーディーラーは一部の系列を除いて県別であるシェア（競合の比率）は陸運事務所の登録制度で月ごとに数字ではっきり出る。メーカーの生産性は第二次オイ

ルショック（1979年）後に急速に上がり、モデルチェンジはシェアアップのためにほぼ周期的におこなわれるようになり、ディーラーには在庫台数に関係なく配車されてくる。競争は激化し、それが隣接県への販売と拡大していった。

　東京と隣接県のトヨタ店・トヨペット店2系列のディーラー8社が、多い時は毎月、少ない時で年4回、九段の旧トヨタ販売の4階会議室で会合し、侵害問題を長時間話し合ったものである。カローラ店でも同様の会議が開催された。出席メンバーは各社1名で、専務・常務取締役車輌（新車）部長ら、各社のナンバー2である。社に戻り代表者に報告し、課題の対処と次の会合の議題・案件の社内情報を取りまとめるのが役目であった。

　こうした車輌販売価格の値崩れは、各社のモデルチェンジごとに起きたのであった。あたかも天気が西から崩れるように。

※テリシン会議＝テリトリー侵害会議

　当時から埼玉県内へは、東京から総登録の約30%もの車が売られていた。神奈川、千葉も全く同様であった。

　都内のディーラーの店舗数の増加、営業マンの量的拡大に対抗して、県内のトヨタ

ディーラーは各社必死で拠点数を急速に増やした。拙著『感動をユーザーに』の巻末の年表に記載の通り、その数は年に２〜３拠点あまり。その為、拠点の候補地は常に５〜６ヶ所はある状態で、私も毎週１〜２日は日没まで適地を探していた。年間３ヶ所建築するには、予定地はその倍は準備しておかなければならない。そんなことをしているうちに私は、450〜500坪の土地は図面がなくても１割弱の誤差で広さが読み取れるようになった。予定地では用水、水路の数と流末、空中架線の確認、同一土地の高低差、隣地状況、取付道路の広さ、埋め立ての深さ、他ディーラーとの距離などなど、予見は無限にあった。

真如堂 真正極楽寺三重塔（京都市）'08 秋
撮影機種：マキナ 6×7

第**19**章
〔社史・販売〕

カローラ店テリトリー分割の余波

〜ブリスカ（ハイラックス前身）と、

鶏と豚の頭金〜

〔社史・販売〕
カローラ店テリトリー分割の余波
～ブリスカ（ハイラックス前身）と、鶏と豚の頭金～

　2018年6月26日に、15代目クラウンと12代目カローラのフルモデルチェンジの発表が全国販売各社でおこなわれた。メーカーでは豊田章男社長が出席し、大々的な発表会がおこなわれた。

　クラウンとカローラの同時発表は過去になかったことで、従来の車の基本性能である「走る・曲がる・止まる」に加え、今後は通信機器を利用した、人と車と社会が繋がる「コネクティッド」の時代に入ったという。車社会にさらに新時代が到来したように感じる今日である。

　昭和44（1969）年の春、埼玉県内におけるカローラ店のテリトリーの分割の余波が、トヨタ店・トヨペット店にも来た。それは、埼玉県内を南北に縦断する国道17号（日本橋－高崎－新潟）を境に、カローラ店2社で販売地域を東側と西側にわけるというメーカー政策によるものであった。

　当時の保有台数は東側40％少々、西側60％弱であった。

光悦寺（千本通・鷹峯）光悦垣（京都市） '08 秋
撮影機種：マキナ 6×7W

　東側がカローラ埼玉、西側がカローラ新埼玉の販売地域と決まった。それに伴う廃止拠点は、埼玉トヨタと埼玉トヨペットが、必要に応じて対処する事になった（拙著『感動をユーザーに』P250 参照）。

　埼玉トヨタは秩父郡皆野町バイパスにあるカローラ埼玉の不要になった秩父営業所を引き取ることになった。南背面の美の山は、のちに「日本の夜景 100 選」に入るほどの観光地に変わり、秩父市内の夜景が素晴らしい場所となった。

　その頃の埼玉トヨタは秩父地区の販売・整備は、熊谷店が担当していた。秩父へ向かう国道 140 号は、寄居市内を除くとほとんどが砂利道で、夏になると、前を走る車の土煙で、風のない日は前方が見えなくなった。

　熊谷店から秩父までは当時車で 90 ～ 120 分程の距離である。販売担当者や訪問サービスをおこなうサービスカーは苦渋を極めた。

　昭和 40 年代に入った頃の埼玉トヨタは、取り扱い車種（クラウン、コロナバン、スタウト、ダイナ、ブリスカ 1t ボンネット（昭和 41 ～ 42 年）、FJ（後のランクル）、カリーナ（TA10、昭和 45 年））からいっても、埼玉ダイハツ本庄店を買収して県内最北拠点（本庄営業所）を設置するのが精一杯で、秩父市近郊に店舗を置くことは、ユーザーサービスを考慮しても、採算上不可能だった。

しかし、カローラ店の事情で秩父の店舗（施工：秩父　伊藤工務店）を買い取ることになり、カローラ埼玉（創業者・茂木社長＝茂木鉄工所）には喜んでいただけた。

　ただRK（現在のダイナ2トン車）やクラウンなど中型車が主力のトヨタ店と、小型車が主力のカローラ店とでは、整備工場の資格や特有の機器が異なり、小型認証工場から普通認証工場へ切り替えるために、土地・建物の容積の拡大、店舗の改築、機器の入れ替えなどで相当な費用がかかった。

　改築は昭和44年の冬に入る前に整備の一部を除いて完成し、仮オープン披露にこぎつけた。当時はバンケットサービスは存在しないので、日頃接待で利用していた大宮南銀座の『クラブ夢』に相談し、5人のホステスに片道2時間以上を要する秩父郡皆野町バイパスまでタクシーで来てもらった。今では遠い思い出となった。

　その秩父店（当時は秩父営業所）も時代を追って手狭になり、平成4（1992）年、新店舗に移転した。

　そこもすでに26年が経過し、空調設備をはじめ、かなりの改修を要する時期になってきた。

　初代・滝山所長（1970〜1973年）（さいたま市中央区（元与野市）出身）、2代目・斉藤所長（1973〜1975年）（秩父郡皆野町出身）、3代目・諸所長（1975〜1986年）（秩

父市出身。立川の自動車整備学校（現トヨタ東京自動車大学校の前身）の 2 期生。定年後は実家の「一二三旅館」を継いだ）。6 代目・千島店長（1994 〜 1997 年）（秩父・大滝村出身。新車販売 1000 台達成）を経て、現在は 11 代目・相馬店長（2013 年〜）（秩父市出身）に至っている。

　秩父特有の風土があり、開設時よりしばらくは、地元出身者以外は大変な苦労を味わった。

　本庄営業所（現本庄店）の余談。

　昭和 45（1970）年、初代カリーナ（TA10）発売時、経理担当役員（現在の財務部長）であった私が、車両部長を兼務した。俗にいう、二足のわらじである。関連書類は文字どおり山のようで、注文書の捺印だけでも月に 800 〜 1000 件あり、象牙の印鑑は 3 ヶ月で摩耗した。ふちが欠け始め、楕円の形がなくなった程であった。

　その年の 9 月、埼玉ダイハツから買い受けた本庄営業所（現在の本庄店は、反対車線の上りで 80m 南寄りに新設）初代担当所長 T 氏から、下取りについて相談の電話が入った。

　「お客様が下取りにニワトリ 100 羽の条件で、ブリスカ（1 トンのボンネットトラック）

を入れたいと言っている。頭金の代わりだ。」という。「本社本部にニワトリ 100 羽収納する所はないから受けられない。」と答えると、数時間後、今度は豚はどうかと電話が来た。

　「トリもブタもダメだ！」と叱責したが、深谷・本庄地区は当時は市内の旧中山道の商店街を除くと周囲は農畜産地帯（現金を手にするのは年 2 〜 3 回）で、車を買っていただくとなると現場では想像もつかない話となるのだった。

　東京トヨペットの下町のセールスを経験して 7 年後、販売現場の雰囲気は理解できるのだが、この時ばかりは対応に困った。

　会社定款には、当然ながら農畜産物の扱いはない。「車でないものはダメだ」と伝えたると、今度はリヤカー 1 台はどうかと言ってきた。たしかに車輪は付いているが、自動車ではない。エンジン付きとは言わなかったし、ダイコンなどを運ぶ重量用のかなり重いリヤカーである。自転車と同じ軽車両である。しかし、そこまで商談に入っているのであればと、リヤカー 1 台に買い増し価格と現金を合わせて 10 万円で受けることにした。

　農産品ダイコンなどを運ぶ重量リヤカーを下取りしたのは、今や昔の話となった。

　当時ブリスカ 1t 車を売るには、新車営業マンの努力に加え、営業所の強い意志がな

いと販売は困難だった。この時のこの様な努力があったからこそ、メーカーも改良に努力をして、昭和の終わり頃にはハイラックス 1t 車は荷台は防錆鋼板製の荷台になり、品質は向上した。そして初めてシェアでダットサン・トラック 1t 車を上回り、月販 300 台を超える事ができた。

　余談になるが、L と D の 2 速トヨグライド（トルコンのこと）付、2000cc の 1t 車が昭和 48（1973）年に発表され、早速私も走ってみるために専用の社用車として登録した。

　発売間もなく、武蔵野銀行本店に乗って行った際、先方の守衛さんに「トラックは地下に入れて下さい」と言われ、地下駐車場に置いた。

　用事を済ませ帰る際には営業部長と課長が見送りに出てきて下さった。私が地下駐車場に向かおうとすると、「常務、お車の場所が違いますよ。」と言われたのだが「いや、わかっておりますよ」と答え、地下で車に乗り込み地上に出ると、待っていた営業次長を始め営業部の皆さんはびっくりした様子であった。

　「トラックでいらしたのですか!?」と聞かれ、「販売商品のひとつですので。」と答えると、呆然とされていたのを今でも思い出す。

既に時は 50 年近くが過ぎ、ブリスカの後継のハイラックス 1t も市場が変わり、SUV として一時はランドクルーザーと並ぶハイラックス時代に入った。先人達の長年にわたる努力が、後進の活路を開いた。トヨタ店の車種の歴史の一つである。

　昭和 43（1968）年、ハイラックスのデビューの際は、当時の流行歌手であった「チータ」こと水前寺清子がうちわを持った等身大のパネルでショールームを飾ったのも今は昔、これを知る最古参の社員でさえ既に定年退職している。

　その発表時、名古屋のホテルに呼ばれた水前寺清子が「私、今度セダンのモデルをやってみたい！」と言っていたが、その言葉を知るディーラー代表者もほとんどいなくなった。

山居倉庫（山形県酒田市）　'09 春
撮影機種：マキナ 6×7

第 **20** 章
〔社史〕

ディーラー経理マンは

師走に走る

〔社史〕

ディーラー経理マンは師走に走る

　昭和40年代から昭和60年代の頃の話。カーディーラーでは11月末から年末の金融機関の手形交換所が終了するまで、切迫かつ緊張する時代があった。

　その頃の月賦の平均月数は18〜24ヶ月で、月賦手形を振り出してから完済は2年先。場合によっては、割賦30ヶ月払も受け始めた時代である。これは資金事情によっても異なり、24ヶ月でないと経営上の資金繰りに行き詰ってしまうディーラーも出てくる。一方で、割賦回数を延ばさないとユーザーは1ヶ月当りの返済金額が多くなり、いったん車種を決定しても、ユーザーの要望に沿った返済金額と月数が受けられないということが起こる。そうなると、販売台数は当然伸びが期待できなくなってしまう。

　銀行によっては12ヶ月の手形までしか融資枠内でも約束手形（ユーザーの振出手形）の持ち込みはできなかった。

　昭和45年（1970年）の初代カリーナ（TA10）発売当時、私は旧トヨタ自販の求めに応える形で、経理担当取締役と車輛部長を兼務していた。昼は営業責任者として翌

夏野菜とガーベラ（さいたま市自宅）　'10 夏　撮影機種：ニコン　マクロニッコール 60mm

日の販売手配と配車状況、新車オーダー、回収の確認。夕方４時半頃になると、二代目社屋の２階の経理部（現在の財務部、社屋ができた当初は新車点検所であった）に席を移し、担当者から資金状況の報告を受けた。

10月に入ると、金子経理部長（のちに常務取締役）より12月の社員の賞与の手配、銀行や損保会社への借り入れの返済、10〜11月度にメーカーへオーダーした車輌の支払い（45日払いの約束手形）決済となる毎日の金額や週間の資金繰り、１ヶ月の上中下の入出金の確認などの報告を受けた。この時、すでに秋の増販、年末の資金手当ての銀行申込みの実施額の見込みを予想し、１か月ごとの資金繰りと融資額の不足時の金融機関への新たな追加資金の申し入れの準備を繰り返した。

この状況は年末だけでなく、７月末も同じである。ただ、年末の方が不渡りの発生が多くなり、その処理が夏場と異なる。

世に言われる「２、８（ニッパチ）」（２月、８月）の売り上げダウンがあり、この傾向は昭和から平成20年代まで続き、平準化（４〜９月の上期、10〜３月の下期）がディーラーにとって難しかった。現在でも８月のダウンは変わらない。季節変動と夏季長期休暇の休日数がさらに増えたからである。２月は絶対日数が実働に比例する。

年末のディーラーの経理処理は多忙極まる。当時の「用語」を、メイン取引銀行で

ある武蔵野銀行本店営業部で確認していただきながら、思い返してみたい。車（新車・中古車）の売上金額の約束手形（割賦手形）は、現金化のため、金融機関に持ち込む。銀行は支払い期日に手形交換所へ回し、相互に手形を交換し、集中決済をおこなう。振り出しが東京交換所に入らない場合は交換できない。栃木や群馬がこれにあたる。

　手形は不渡りが6ヶ月以内に二度発生すると銀行取引停止になるので、ユーザーの支払い不能（不渡手形）には即対応しなければならず、12月に入ると「師」ならぬディーラーの経理マンの若手が走ることになる。

　栃木や群馬の遠隔地のユーザーから受領した手形（約束手形）がこげ付くのを回避するため、ディーラーは振出人に代わり、金融機関に対して支払いを立て替えることになる。振出地が宇都宮であれば、東北本線で宇都宮まで経理マンが走ることになる。

　同じように、振出人から支払い期日当日になって資金の手当てがつかないので「少し待って欲しい」という「依頼返却」（※1）もある。
　万が一手形が不渡りになった場合は「買戻し」（※2）となる。
　また、既に銀行に持ち込んである手形を依頼人の都合で撤回する「組戻し」（※3）もある。

　毎月、毎日の手形引き落としの集計の中、11月下旬〜12月に入ると急に増える「依頼返却」「買戻し」「組戻し」などの対応に追われる日々となる。これらはディーラーが銀行から融資を受けるためにユーザー手形を「担保手形」として持ち込むことにより発生することである。

　現在では割賦手形はほとんど見られないが、資金事情は昭和の時代の成長期は現在と全く異なり非常にタイトであった。世にいわれているバブル破綻の15年前までは、資金事情は現在では考えられない程、非常に厳しかった。

※1. 依頼返却

　持出金融機関が所持人の依頼により支払金融機関に決済をしなくてよい旨を連絡したうえで返却してもらうもの。尚、依頼返却がおこなわれても、所持人（裏書手形の所持人）は既に支払い呈示をおこなっているため、振出人や裏書人に対して支払いを求める権利は失われない（既に手形が所持人及び金融機関の手を離れ手形交換所に回っている状態）。裏書手形を含めディーラー（販売店）が立て替えるのである。

※2. 買戻し

　手形割引または手形担保による手形が不渡りになった場合に、銀行が依頼人（割引

依頼人 = ディーラー）に当該手形を額面で買戻しさせる権利。

※3. 組戻し

　代金取立手形、担保手形などの手続き取組後に、依頼人（当社の場合はユーザー）の都合により、その依頼を撤回する手続き（手形が所持人または金融機関が所持している状態）、差し換える場合も同じとなる。

　≪約束手形に関して余談≫

　昭和48年には年間新車販売は念願の1万台超えとなった。この頃から平成にかけて新車販売は右肩上がりの売上増となり、約束手形も比例して増大した。手形があれば借入に利用できるので融資の中心であった。

　昭和48（1973）年5月頃、埼玉銀行本店（現埼玉りそな銀行浦和支店）の紅林禧佑融資課長から「ご相談があるので銀行までご足労願いたい。」という連絡が入った。銀行に伺うと、通常はめったなことでは部外者が立ち入ることのできない金庫室のフロアに案内された。

　そこには唐草模様の大風呂敷が大中6個あり、中身は全て当社が持ち込んだ約束手形であるという。紅林課長の相談というのは、もうこれ以上金庫に入らないので、約

束手形を持ち込まないで、代わりに埼玉トヨタの親手形で持ち込むことをお願いしたい、というものだった。私は「社に戻って経理部長と相談のうえ対応させていただきます。」と返答した。結局、埼玉銀行さんへは持込手形枠が大きいので、12枚の手形でも量的に増えた結果である。

　時が経ち、時代は令和になった。関連会社であるレンタリース埼玉で、私は年度始め恒例の新入社員研修で例年通り60分間当社や車の歴史に関して講話をおこなった。内容は毎年3分の1ずつ変えるようにしており、この令和元（2019）年は、手形や小切手の話もまじえ、主に以前の割賦（月賦）販売の話しをした。一通り話は終わり、最後に質問があるかどうかたずねて驚いた。新入社員全員、約束手形というものを知らなかったのである。学校では習わなかったと口々にいう。一人だけ「小切手は知っているが、約束手形という名前は聞いたことがあるような…」という答えであった。この1時間はいったい何だったのか、私は一瞬呆然とし、過去が走馬燈のようによぎった。

　前もって講話の内容を伝えていなかったことがこの結果ではあるが、雲の流れのように季節の変化は意識がなくても早く、そして時代の流れは大きく変わったものである。考えてもみれば、個人ユーザーが増え、現金以外はほとんど自動車ローンである。そして昭和54年の社員が定年退職を迎え、毎月のように退職稟議に印鑑を捺印する今日この頃である。

第 21 章
〔社史〕

旧与野市内にある

信用金庫の晦日のレジェンド

第 21 章

〔社史〕

旧与野市内にある
信用金庫の晦日のレジェンド

　昭和 40 年代、銀行によっては融資枠内であっても、約束手形（ユーザー振り出し）は回数 12 ヶ月までのものしか持ち込みはできなかった。83 歳（2018 年）を過ぎた今でも、12 月末になると必ず思い出すことがある。埼玉縣信用金庫与野支店とのお取り引きの話である。与野支店さんには普段無理をいって約束手形の 24 枚（2 年払）や、1 年先の 13 〜 24 枚のユーザー手形を受け取っていただいていた。

　年末の 30 日になると、信用金庫の得意先担当の外回り係員が、現金を入金処理のため預かりに来社する。昭和 48 〜 49 年頃で、売り上げ現金 1000 〜 1200 万円を用意して預ける。翌日の大晦日にも 1000 万円前後を用意する。それでも信用金庫の担当係から、その日の夕方に「集金目標額に足りないので、もし入金していただけるようでしたら、遅くてもけっこうです、伺いますので連絡を下さい。」という電話が入る。

　そこで経理部長であった金子富士朗氏（後年に常務取締役・トヨタホーム埼玉専務）は、日頃融資で大変お世話になっていることが念頭にあり、なんとかお力になりたいと、

平野屋提灯（京都市鳥居本）'10 秋
撮影機種：マキナ 6×7

「もう一度、夜9時頃に来て下さい。できるだけ回収（集金）しておきますから。」と答える。そして、売り上げ台数の多い川口営業所、越谷営業所に連絡をし、納車代金の現金回収を依頼し、夜8時過ぎに500〜600万円の現金を信用金庫の担当係に渡した。金子部長の頭の中には、旧与野市は南北8km、東西4kmと小さな町で、商店街は与野駅付近と与野本町通り（旧鎌倉街道）に2ヶ所ある程度で、人口も4〜5万人で限度は知れている、ここで大晦日の午後に500万円を集金するのは無理があるということで、川口と越谷の営業所に頑張ってもらったということだった。

信用金庫の担当係は「ありがとうございます。これでトヨタさん、年が越せます！」と大変感謝された。金子部長は旧与野市本町の出身で、地元のことはわかり過ぎているからこそできたことで、日頃の取り引きのご協力を年末にお返しするこの思いは、埼玉トヨタの経理の信念の一つで、言い換えるならば、「伝統（レジェンド）」の美徳として残していくことを願っている。

第 22 章
〔社史〕

昭和年代車輌登録

（新車ナンバー）の話

〔社史〕

昭和年代車輌登録（新車ナンバー）の話

　昭和40年代の終わり頃から昭和50年代にかけ車輌登録（車のナンバー）の話である。

　この頃、オールカナ文字の電送プリント（私の名称）される転送の『テレックス』ができた。現在の「ファクシミリ」や「電子メール」の前身といえばおわかりいただけるであろうか。

　テレビ塔で有名な名古屋桜通りにあった、旧トヨタ自動車販売の各部より当時毎日テレックスが入ってきた。なかでも関東地区トヨタ店担当の小林担当員（東京トヨペットOB新車販売トラック係は同期、彼は築地営業所だった）からのテレックスは、長い時は越中ふんどし並みとなる。実に最長は1.8m程だ。この長さが全てカナ文字なのだから、早読を得意としていた私も辟易した。

　ある時、小林担当員から例によって145cmを超えるテレックスが入った。私は読み始めたのだが、90cmを過ぎたところで急用のため車で出かけた。

清凉寺　嵯峨釈迦堂・裏門（京都市）'10 秋
撮影機種：マキナ 6×7

　後日、彼から直接私に電話が入り「代表者会議の案内を送ってあるが、返事がない。」という。「それはいつの書簡か。」と問うと、「今月の始め頃だ。」という。封書ではなくテレックスで送ったという。

　電話中に、秘書がそれらしき長い用紙を持ってきた。私が1mを超える同じ大きさの「カナタイプ」は探すのが大変なので「始めから何cmのところに書いてあるのか。」と聞くと、彼は「なんだ、全文見ていないのか！」と憤慨したようだった。「いいから何cmのところだ。」と繰り返し問うと、120cmくらいのところに段が少し空けてあり、その部分を見ると、カタカナの間に「ネンガッピ（洋数字で年月日）」があり、この部分に記入してあった。

　「全部見てくれないと困る。」と彼は言ったが、「大事な用件は冒頭に入れておいてくれ。」と頼んだ。この頃の私は多忙で、週によっては空き時間が全くなかった。昼に頼んである出前のそばが、2時3時過ぎになって固まってしまい、きつねもたぬきも水分は完全になくなり、まるでピザの形になった。

　メーカーをラインオフされた新車は、完成車1台に対して、メーカーから1枚の「譲渡証」が発行され、その「譲渡証」と印鑑証明、車庫証明、新車登録書式をセットし

て陸運事務所に提出すると、ナンバーが発行される。

　この時代は旧トヨタ自動車工業が生産した新車がラインオフすると譲渡証が発行され、国内ディーラーには名古屋の旧トヨタ自動車販売で渡された。

　通常は郵送で送られてくるのだが、生産遅れや納期遅れが生じると郵送では月またぎになってしまい、月内に登録を急ぐユーザーには間に合わなくなってしまう。また、季節のメーカー台数コンテスト最終日の前は登録が最優先で、今日では想像もつかない状況になった。そこで、急ぎの際には名古屋まで新幹線で譲渡証を受け取りに行くことになる。

　年度末の３月、行楽シーズンの４〜５月、10〜12月など、要するに年に数か月を除いては、この新幹線を利用することになった。特に年末のメーカーのラインが止まる師走の月末間近は大変なことになる。

　後年に仄聞によると、東京トヨペット品川本社の車輌業務本部の業務担当者は、始発６時の新幹線に乗り、名古屋で書類を受け取り、そのまま東京駅にトンボ帰りし、東京駅で待っている同僚に書類を渡し、当人はその足でまた名古屋に向かっていたという。

　それを終電まで繰り返し、年末の陸運事務所の御用納めの日まで、新幹線に乗りっ

ぱなしで何往復もするのだ。朝食・昼食・夕食は当然全て車内と想像される。

　当社の場合は同じように、その頃の新幹線の最終便で東京駅に着くと、京浜東北線で本社のある与野駅まで戻ってくる。

　お隣の群馬トヨタさんの譲渡証も依頼されて預かっている場合があり、その時には群馬さんの担当者が二人で当社に待機しており、書類を受け取り次第、クラウンで国道17号を高崎まで戻って行くのである。当時はまだ関越自動車道もなく、上信越線も終わっているからである。まるで駅伝である。

　ハイラックス（積載本位の1tボンネットトラック）の場合は、東京・日野自動車の日野工場でラインオフされるので、月末の繁忙期にはクラウンに6人乗り、21時のラインオフの最終までに工場引き渡しで受け取りに出向き、1回5台受け登録に漕ぎつけた。

　繰り返しているうちに或る年の春先、トヨタ陸送より電話が入り「直接引き取りはやめて下さい」という。理由を尋ねると「売上実績が下がるから」だとのこと。ディーラーはメーカーコンテスト中なら月末登録は真剣勝負となる。まして日産の主力車種であるダットサン・トラック1t車とのシェア競争は15年目で、シェア50%を超えるか負けるか、この時の営業本部長を経験した者でないとわからない。トヨタ陸送の幹

部には理解できないと思う。東京トヨペットの経験を活かし、多い時は1日に日野に3便出したこともあった。

　その後昭和57（1982）年に飯田橋にトヨタ自動車の東京事務所のビルが完成し、譲渡証は都内で出るようになり、この名古屋詣では終わった。バブルの最盛期の平成2年には池袋にトヨタ・アムラックスができ、譲渡証は飯田橋ビルから池袋で発行されるようになった。当社からはJR埼京線で30分足らずと、格段に近くなった。

　時を経て、現在ではこの譲渡証は電子文書となり、我々販社の手を介することなく、メーカーから陸運事務所に直接電送されている。その時に利用されていた「住民基本台帳カード」は平成15年に発行開始されたが、平成27年限りで消滅することになった。身分証明書代わりで便利であったので、この住基カードがなくなったのは大変不便になり困っている。私が埼自販会長時代の平成10年代に、国交省が80億円の費用をかけて車両登録の合理化促進のために開発した制度であるというのに、お役所の一方的な考えである。

　この話をこの夏に、昨年65歳で役員定年になり関連会社の社長に就任した元営業本

部長の萩原専務取締役に確認したのだが、当人の記憶にあるのは池袋以後の話で、その前の事情は全く「わからない」といわれ愕然とした。平成が終わり、昭和もかなり遥か遠くなったものと実感した。

第 **23** 章
〔交遊〕

埼玉の酒造家との思い出

〔交遊〕
埼玉の酒造家との思い出

　埼玉県小川町下古寺の「帝松」銘柄で知られる松岡醸造株式会社の松岡社長、西武・本川越駅前にあった鏡山酒造株式会社の竹内社長に出会った時の話である。関東信越国税局の冷やおろしの頃、9月末の都内のホテルであったと記憶する。関東信越国税局の酒税諮問委員（各県1名）を依頼され、日本酒を「特級」「一級」「合成酒」などと分類していた昭和の級別制度の末期の時代である。

　鏡山酒造の先代は県の酒造組合長も務められたと伺っている。当時の社長は酒造りに関しては、本業とはいえ、殊の外研究の上に熱の入る方で、東京大学の有名な醸造学の先生もたびたび蔵に足を運んでいると仄聞している。

　昭和48年頃、竹内社長は兵庫地区の山田錦（酒造好適米）を10俵買い付けに成功し、この貴重な酒米を自社のみで使うのではなく、県内酒造家に分けたという話を、和泉屋（旧中山道浦和の酒店）の高須氏から聞いた。埼玉県全体の酒のレベルを上げるのがその目標である。お人柄は学者が酒造蔵に入って、米や麹と静かに対話しながら酒

安楽寺 哲学の道（京都市）'11 秋
撮影機種：コンタックス G2　28mm 2.8

を醸すタイプの方である。

　竹内社長の鏡山酒造は平成12年に惜しまれながらも、ご本人の病気のため酒造りの幕を閉じた。現在は志を受け継ぐ方が竹内社長のブランド「小江戸」を引き継いでいる。

　戦後は川越に、灘の國冠、鏡山ともう一つ忘れたが、3つの酒造メーカーがあったと記憶している。

　昭和41年の2月始め、和泉屋の高須栄治氏と、鏡山の早朝仕込みの日に伺った。小雪の舞う寒気に包まれた中で、湯気の立ち上る大釜より掛米を運ぶ下帯一つの職人たちの姿が瞼に残っている。蔵の壁に暖気樽が並んでいる蔵の一つに入れて頂くと、発酵の進んだ乳酸菌の匂いのする樽がいくつかあった。

　あのとき、帝松の松岡社長が私に言った言葉はいつ迄も忘れない。「トヨタさん（私）。この人（竹内氏）の酒造りは趣味でやっているんだぞ。私は商売でやっているんだ。この事は忘れないでくれ！」。

　私はなんと答えて良いかわからなかった。

　その頃はクラウンの納期が9月末頃で3か月位だった。その場で松岡社長からいわれたのは「竹内さんのクラウンは来週納まるらしいが、うちの方はどうなっているんだ！」。これには慌てた。松岡社長へも古くから新車を納めている。翌週月曜日の朝、さっ

そく店舗に確認したところ、「前の週の金曜日にご契約をいただいたばかりです」とのこと。何とも掴みようのないお人だ。

　それから2年後の春、同じような会合の席でお会いした。「今年の新酒の出来は如何ですか」とお極まりのご挨拶を申し上げたところ、なんと「実は私はアルコールはダメなのだ。」とおっしゃるではないか。私は二の句がつげなかった。

　それから時が経ち「社長の酒」のブランドが帝松から発売された。当時の特級並みで、当時としてはかなり米を磨いた作り（精米表示のない時代）で、味、香り共に料理に合った。
　ある時、関東ブロックの代表者会議を、当社が幹事当番の際に「川越プリンスホテル」で開催した。この会議は、言い換えれば、春夏の関東トヨタ店各社の社長会の位置づけだったので、会議後の懇親会にはこの「社長の酒」を一升瓶のまま各テーブルに用意した。ところが、当日1社だけ社長が欠席で、代理の専務が出席していた。いわく「社長でないと飲めないのか」。ホテル側も戸惑ってしまったらしい。これはちょっとまずかったと幹事会社としては失敗だった。
　「大関」と「力士」のブランドがあるように、後年、同社から「部長の酒」（特別本醸造酒）ブランドが誕生した。

カムイワッカ湯の滝（知床） '98 夏　撮影機種：コンタックス G2　ゾナー 90mm 2.8

第 **24** 章
〔交遊〕

西条の酒蔵巡り

第 **24** 章

〔交遊〕

西条の酒蔵巡り

　確か昭和 43（1968）年頃だったと思うが、日本青年会議所の全国大会が広島城跡公園で開催された。当時、私は浦和青年会議所で教育青少年委員長から社会福祉委員長を受けた時代であった。委員会のメンバーである高須栄治（和泉屋酒店）さんから、広島へ行くなら西条の蔵元へ案内する、といわれ委員会の中から希望者を募った。8〜9人の酒好きのメンバーが同意してきた。

　全国大会なので、往路は現地集合とした。復路も皆それぞれであったと思う。私は、行きは羽田空港から空路で広島に向かい、帰りは山陽本線の特急でまずは新大阪まで行き、そこから東海道新幹線に乗り継ぐ予定でいた。往路の飛行機は、当時の機種はYS-11。私にとって二度目の YS-11 は、高翼タイプで下の視界が良いので他に何も考えなかった。羽田空港で偶然に、大学の先輩でもある半田昭雄先輩（青年会議所 10 代目理事長）にお会いし、一緒に広島に向かうことになった。先輩から「君はこの飛行機の経験はあるのか」と聞かれ、「羽田－函館が 1 回です。その時は降下 1,000m の付

吉野山 中千本桜（奈良県）　'98 春　撮影機種：マキナ 6×7

近で揺れました」と話した。離陸から20分程経って、私はトイレに入った。とその時、伊豆半島上空で突然「ドスーン！」と２回続けて下がった。その後、鈴鹿上空でも同じ様に落ちた。エアポケットに入ったのだ。私は咄嗟に天井へ両手を付けて無事だったのだが、外からドアノックが続き、スチュワーデス嬢から「今の揺れ、大丈夫ですか！お怪我はありませんか！」と聞かれた。実のところ、相当びっくりしていた。席に戻り、半田先輩からも「おい、大丈夫だったか」と心配していただいた。「会社の仕事で沖縄へは何度も行くが、今のような大きな揺れは経験したことがないよ」という。続けて「広島に着いたら帰りの飛行機はキャンセルして、広島駅に直行して帰りの列車の切符を買いに行くので、君は先に会場に行って事情を伝えてくれ」といった。先輩は元海軍舞鶴の兵学校と聞いていたが「この機種は二度と乗らん！　沖縄便の機種とは全く違う。君は帰りは同じか」と聞かれ、私は帰路は列車である事を伝えた。この便は羽田ー広島の間に大阪空港立ち寄りと思っていたが、どうやら「空の各駅停車」で、岡山空港へも寄った。滑走路が短く、「ふわっ」と浮いた瞬間、海の上の誘導杭が眼下3m位に見えてびっくりした。後でスチュワーデス嬢に、伊豆上空では200〜300m位落下した模様だと聞き、私は内心、帰路を列車にしていて安堵した。この日のようなエアポケットは滅多に無いとのことで、実際先にも後にもあのような経験は無かった。

要は努めて乗らないことだ。広島空港に到着し、半田先輩は広島駅へ、私は会場へ向かった。

　広島での初日は、大会の途中、午後３時頃に西条に向かい、その日は賀茂鶴の本店で４号蔵見学と唎酒をした。２日目には大会に出ず、昨日訪ねた賀茂鶴の蔵を通り過ぎて、西条鶴酒造と福美人酒造に伺った。酒造メーカーは合資会社と有限会社が多いが、酒造としては株式会社の最初と云われる福美人酒造では、ブラインドの甘辛の唎酒テストとなった。案内された部屋にはイ・ロ・ハの札が付いた蛇の目の杯に酒が注がれており、先方の営業部長から「夫々飲んでみて、甘辛の順と、好みのものを言って下さい」と言われた。注がれていた酒は +5・+15・+25 の３種類で、私の好みはハの盃に注がれていた +25 であった。極辛で、一緒に行った仲間内にもこれが気に入った者が他に２人いた。営業部長は「相当いける口とお見受けしました」と笑っていた。

　広島市内を午前９時前に出て、福美人の蔵元を出る頃には時刻はお昼近くで、昼食は蔵元で案内をするという市内の割烹で昼前から酒の席となった。かの営業部長は「車で先に行って始めていて下さい。残した仕事があるので片付けてからすぐに追いかけます」とのことで、遠慮なしで先に届いていた福美人をいただくことにした。しかし、

仲居さんが運んできたお盆を見て目を見張った。何と、お盆の上には徳利が30本程は
あるではないか。白磁の1合徳利である。それでも福美人の営業部長が30分足らずで
席に合流した頃には、既に10数本が空になっていた。この2日目の参加者は、案内し
ていただいた和泉屋酒店の高須氏と私を含めた6名で、そこに営業部長を加えて7名
だった。そして2回目には熱燗で20本配膳、食事の終わる頃、仲居さんに減らして下
さいと頼んだが、また20本追加で来た。1時間足らずで2人が酔い潰れて寝てしまった。
営業部長も途中で席を立った。最終的に3人が何とか酔い潰れなかった。

　時刻も午後3時近くになり、広島市内に戻ることにした。途中でお茶に立ち寄ろう
としたが、当時はそれらしい店は何もなく、ゴルフコースの食堂に立ち寄ることにし、
そこでまた口直しにビールとなった。当方ビールは元々ダメなので、付き合いで2杯
飲んだのだが、酔いが戻ってきてクラクラしてしまった。私は「もうダメです。青年
会議所の2日目のパーティーがあるので」と伝えたのだが、営業部長と高須栄ちゃん
は平然と飲み干していた。住まいから離れた場所でこれ程飲んだのは、後先にも初め
てである。

　後年、映画でお馴染みの高知の「陽暉楼」の料亭で地元の芸者衆2人と、三井海上

の道廣専務（後年副社長）と5人で会食した時も、1合10本を盆に4回、サイコロの目で負けると名物の天狗面の杯で1杯、という遊びを1時間程続けたが、その時はさすがに年齢も考え、途中でやめることにした。お姐さん方から「お客さん、相当やりますね」と言われ、「お姐さん方も仲間で3〜4番は下らないでしょう」と切り返したが反論はなかった。

　それから数年後に会社の年度優秀社員報奨旅行で高知に行った際、バスガイドから「男は1升酒、女性は5合の杯を時間で競う会が毎秋おこなわれる」と車内の説明があった。そしてガイドより、酒が理由で高知の男性は短命とも聞いた。

ロートホルンのミニ SL（スイス）'05 夏　撮影機種：コンタックス G2　プラナー 35mm 2.8

第 **25** 章
〔販売〕

来店ユーザーへの対応の心構え

「人は見かけで判断するべからず」

〔販売〕

来店ユーザーへの対応の心構え
「人は見かけで判断するべからず」

　昭和50年代の終わり頃の、当社のショールームにおける来店ユーザー様への対応での失敗談を二題。是非心に留めておかなければならないことの一つである。

　古くからのユーザーで、旧与野市内で診療所を営むS様は、ハイラックス・サーフやランドクルーザーなど複数台をお使いいただいていたが、ごく至近距離なので、点検や車検の際は当社から引き取りに伺い、普段来社来店していただくことは少ないユーザーのお一人だった。そして秋のシーズンに入った頃、S様ご自身が、奥様が近所での買い物に利用する為に乗っているダイハツの軽自動車に乗って、ジーパンにラフなシャツにサンダル履きというスタイルで、事前に誰に連絡するということもなしに、弊社のショールームにクラウンを見にこられた。その時に誰が接客してお話を伺ったかは、のちのち全く不明であった。それから10日程過ぎた頃、私が与野美術連盟発足の頃で、S様のご尊父様（当時は現役でまだ診療されていた）とお話をしたところ、「家

浅草寺 伝法院 池の水面の五重塔　'11 秋
撮影機種：LUMIX G2（パナソニック）
G.VARIO 45mm ～ 200mm / 4 ～ 5.6

の息子（S 先生）が突然に車を見に行ったのだが、クラウンのカタログを見せて貰いたいと話をしたら、カリーナのカタログを出されて、この車ならすぐに納まるといって、結局クラウンのカタログは渡して貰えなかったらしい。家に帰ってきて、困ったと言っていたよ。」と言われてしまった。診療所から弊社までは 400m 程なので、S 先生は診療の休憩時に気楽に来られたと想像されるが、美連の件で伺った際に、先代の大先生から突然「是非クラウンに乗せて下さい。」と言われ、元下町のセールスも気の利いた返事も出来ず、全く往生した。私が「申し訳ございません。大変失礼なことを致しました。」とお詫びを申し上げたところ、「倅には、ラフな恰好で車を見に行ったのでは、クラウンに乗るからと言っても、信用してもらえないよ、私からトヨタの社長に頼んでおくから！　って言っておいたよ。」と言っていただき、その場は話が収まった。

　ソアラが新発売になった当時、岩槻営業所（現岩槻店）に軽自動車のユーザー様が来店し、その場でソアラを店頭契約していただき、社内で話題となったことがあった。この様に極端な上級車移行はまだ極く少ない時代でもあった。輸入車などまだまだ高嶺の花の時代であった。その後、本社の営業スタッフには、来客を身なりや乗ってきた車で判断することのないよう伝え、全社の会議でも社内に徹底したつもりでいた。

しかし翌年、再び同じ様なことが起きてしまった。

　６月の或る日、同じ与野ロータリークラブのメンバーだった八幡通りにあるエッソ・スタンダード給油所の中村社長から、月曜日の朝９時半に電話が入り、私宛に突然来社された。中村社長は「電話でも良かったのだが、しばらく会っていなかったので来てしまったよ。用件は、うちの兄貴にセンチュリーを売ってやって欲しい。支払いは大丈夫。豊年の社長に就任しているので、会社登録になる見込みだ。」とのこと。中村社長は続けて「いや、実は兄は昨日の日曜日にショールームにカタログを貰いに行ったようなんだ。兄も悪いのだが、車で行けば良いものを自転車で下駄履きで行ったようで、センチュリーのカタログを出してくれと頼んだら、センチュリーはオーダーで納期がかかるから、と何やかや言われ、営業スタッフからクラウンのカタログを渡されたらしいんだよ。クラウンのカタログは今乗っているから要らないよ！　と伝えても全然話が伝わらず、しょうがないので帰りにスタンド（八幡通り）に立寄って、私に誰かトヨタに知り合いがいたら話をつないでくれ、って言ってきたわけ。そこで何分にもよろしく面倒見てよ。」とのこと。また同じ過ちの繰り返しで、今度はセンチュリーを検討されている上場企業である豊年製油の社長を追い返すことになってしまっ

たとは。翌日スタンドに伺い、中村社長へのお詫びと紹介の御礼のあと、ご貴兄の与野本町宅を訪ね、在宅日を伺い、改めてお目にかかり重々失礼をお詫び申し上げた。「丸の内の本社へ納車希望、お手数をおかけします。」とのことで、益々恐縮きわまった。

　最初の一件以来、会議の席、会合の場、全社大会の折りに話をし、充分に留意することと伝えたつもりでいた。しかし「人の話は、1週間で聞いたものの半分は忘れ、1か月も経つと20%以下しか覚えていない」と物の本で見たり、セミナーに出て昭和50年頃には聞いていたが、全くその通り。如何に伝達し基本を守るか、またそれをキープするか、その対処方法には決め手はないことを痛感した。日頃の訓示、来店対応の繰り返し教育が肝要である。平成末期の今日、レクサスを始めトヨタ店も来店型になっている現状で、より一層の店頭対応の姿勢が問われる時代となった。更に動力は内燃機関（ガソリン、ディーゼル）から電気（モーター）に変革し、加えて自動運転の時代に入った。それでも販売の基本は、わからなければ、即訪問し、住まいの環境を自分の目で確認し、車庫のサイズ、ご自宅に接している道路の状況などの条件でユーザー（お客様）が納得できるか、そして自分にとって納得できるユーザーになるか確認する心構えが常に必須である、と考える。

上品蓮台寺・枝垂桜（京都市）　'14 春
撮影機種：マキナ 6×7

平野神社（西大路通）・平野妹背桜（京都市）'14 春
撮影機種：マキナ 6×7

第 26 章
〔過ぎ去りし日〕

見えない（知られない）

過ぎ去った日

（旧満州国鉄嶺市上空 8 月 13 日）

第 26 章

〔過ぎ去りし日〕

見えない（知られない）過ぎ去った日
（旧満州国鉄嶺市上空8月13日）

　昭和20年8月13日、満州・鉄嶺市上空を北西方面から南の奉天に向かう飛行機の数は、今でも忘れることはできない。

　戦時下の小学生だから陸軍の戦闘機や輸送機はある程度わかる。「一式戦闘機・隼」「九六式戦闘機」群の間に、なんと複葉機（二枚羽）にDC-3の旅客機も混じっていた。市内上空を3機、5機から7〜8機の編隊が、午前10時頃から午後2時頃まで次々と京奉線（奉天ー新京）に沿って南の方に向かっていった。

　次の飛行場は奉天と想定した。それは朝鮮・京城までは航続距離を考えるとその頃の機種とガソリン不足（当時市内でひまし油を代用燃料とするため各日本人の家ではとうごまを植えていた）で難しいと考えた。沖縄戦へ特攻として行くなら軍用機を使うはずだが、複葉機、練習機？、旅客機が混じっていることを不可解に感じた。

　翌14日は同じように編隊だけではなく単機でも飛んだ。それは12〜14日の3日間続いた。

仁和寺（一条通）・大沢桜（京都市） '14 春　撮影機種：コンタック G2　ゾナー 90mm 2.8

　14 日の夕方、父が会社（満州星金属株式会社）から戻り「明日 15 日正午、重大な放送があるから市民は必ずラジオを聞くこと。」と知らされた。

　15 日は鉄嶺上空は全く静かで、昨日までは何であったのだろうと思いつつ正午になった。

　玉音放送。初めて聞く天皇陛下の声であり、その内容は小学生の私には最初は難解であった。聞いているうちに「耐え難きを耐え、忍び難きを忍び」のお言葉があり、これは普通の放送ではないのだと気が付いた。

　アメリカ軍が遂に沖縄に上陸し戦火が広がっていることや、8 月上旬に広島に空襲があり、今迄にない新型爆弾の鋭い閃光で広島市内が爆風で一瞬にして壊滅的な被害を受けたことなどは街の噂と新聞で知っていたが、ポツダム宣言があったことは知らされていなかった。

　あの南へ向かう数百機は何であったのか、戦後 60 年間不可解な疑問は残り続けた。

　月日は経ち、15 年程前（2003 年頃）当社の株主総会が午前中に終わり、永年の株主の一人である青森トヨタの小野彦之亟社長が総会に出席された後、当社の公認会計士である高柳健一先生と私の 3 人で談話室で歓談した時の話である。

話の始まりは忘れたが、小野社長が高柳先生に「戦時中はどこにいましたか。」と尋ねた。先生は「熊谷の陸軍飛行学校の教官から、旧満州国の『山城鎮』（奉吉線・奉天から約200km）に勤務したあと、新京（長春）北方の鎮東の飛行場の陸軍のパイロットの教官として異動した。」と話をされた。

　小野社長は『山城鎮』と聞いてびっくりされた。あの時の表情は表現できないが、その後小野社長の「私も陸軍の偵察守備隊としてそこで一週間を過ごしたことがある」という話をされ、今度は私が驚いた。小野社長が兵役にいかれたということはそれまで全く知らなかったことで、小野社長と親交の深かった創業者である父も聞いていなかったと思う。

　瞬間的にトヨタを始める以前のことかと思い「昭和10年以前ですか。」と尋ねるとその通りであった。小野社長は「私が兵役に出たことは今までトヨタには言っていないことで、今初めて話すことです。たぶん豊田喜一郎社長も知らないことだと思います。」とポツリと言われた。しばしの沈黙が続いた。

　私は満州事変のあとかと思い「招集ですか。」とうかがうと「いや、志願して山口の連隊に入り、そこから渡って奉天に行き、『山城鎮』の守備隊の責任者として数倍の敵と向かい合い、交戦することなく10日間にわたり任務を果たしました。」とのことだった。

　私の経験から、おそらく満州排賊のグループと相対したと想像した。「この守備隊の成功で勲章をいただいた。」とも言われた。たぶん金鵄勲章だと思う。

　高栁先生とは約 10 年も離れてはいるが、偶然にも全く同じ満州の『山城鎮』にお二人ともがいたということで、この時の対話は忘れられない。

　高栁先生はこのあと更に驚く話をされた。歴史に残る話である。

　私は新京北方に高栁先生のいた鎮東の場所を確認した。古い地図で何枚か探すのに時間を要したが、旧満州鉄道の新京（長春）から京白線・平斉線（※）経由で 370km 西である。想像も全くつかない原野の飛行場から敗戦で無事に帰国できたことは不思議に思えた。「どうして帰ることができたのですか。」と尋ねたところ、更に驚くような話をうかがうことができた。高栁先生は奉天の部隊に敗戦直前に呼び出され、そこで重要極秘命令を受けたそうだ。それは清朝末裔の満州国皇帝・愛新覚羅溥儀を陸軍の部隊で日本へフライトするという命令であった。高栁先生はパイロットの教官をしていたこともあり信頼されて、その飛行機のパイロットを任されたのであろう。私はあまりの話に驚くばかりで搭乗した機種を聞くのを忘れてしまったことが今でも悔やまれる。敗戦数日前に見た鉄嶺上空の飛行編隊の謎が、戦後 60 年の長い月日を経てとけた瞬間である。あの DC-3 の旅客機は高栁先生の操縦する機体であったことに間違

いない。

　先生の話によると、そのフライトは京城までで全て終わったそうだ。その後先生は戦後釜山港から復員されたのである。先生の手記によると舞鶴港に帰還し入間基地に戻ったと記されている。

　（※）京白線（新京―白城子）、平斉線（四平―白城子―斉斉哈爾_{チチハル}）

　後年、髙柳先生は自伝「華胥の夢」（関東図書株式会社）を出版され、私に本の序文を依頼された。

　自伝には「山城鎮」と「鎮東」という地名は書かれているが、詳細の記述はない。軍の機密事項だからということではなく、先生の中で生涯胸の内に秘めておくべき、まさに「華胥の夢」であったのであろうとお察しする。

　以下、髙柳先生の経歴の一部をご紹介する。

昭和　14（1939）年　　株式会社兼松入社（昭和52年退職まで38年間勤務）

　　　17（1942）年　　法政大学専門部卒

　　　　　　　　　　　近衛歩兵第4連隊　機関銃中隊入隊

　　　18（1943）年　　甲種幹部候補生、前橋陸軍予備士官学校、

　　　　　　　熊谷陸軍飛行学校（陸軍特別操縦見習士官第 1 期生）

　　　　　　　（所在・三ヶ尻）

19（1944）年　館林教育隊、桶川教育隊教官　陸軍少尉

20（1945）年　満州派遣飛龍隊教官　陸軍中尉

23（1948）年　『前地珠算塾』を開塾

　　　　　　　※ソロバンは親・子・孫の三代にわたって日本一

24（1949）年　中央大学商学部卒

26（1951）年　中央大学法学部卒

45（1970）年　公認会計士　第 3 次試験合格

　　　　　　　・株式会社　武蔵野銀行　公認会計士（20 年間）

　　　　　　　・埼玉トヨタ自動車株式会社　公認会計士（16 年間）

上品蓮台寺（北区千本通）枝垂れ桜（京都市）　'06 春　撮影機種：マキナ 6×7

PHOTO GALLERY

カーディーラー・セールスと経営　61年の語り

P7
常栄寺雪舟庭
(山口県)
1999年　春

P55
おわら風の盆
(富山県)
2009年　秋

P92
羽黒山五重塔
(山形県)
1985年　夏

P129
屋久島大川の滝
1995年　夏

P12
ウォルスブルク市街
(ドイツ)
2000年　夏

P60
蔵王お釜(山形県)
2004年　秋

P95
大沼湿地の木道
(栃木県那須塩原市)
2002年　秋

P138
宝筐院(京都市)
2010年　秋

P15
浅草寺五重塔とスカ
イツリー
2011年　秋

P63
利尻島姫沼
1998年　夏

P105
鶯坂(東京都文京区)
2020年　夏

P141
隠岐の風蘭
(さいたま市自宅)
1998年　夏

P32
化野念仏寺
(京都市)
2009年　秋

P78
霞ヶ浦帆曳船
2002年　秋

P105
のぞき坂
(東京都豊島区)
2020年　夏

P146
永観堂紅葉
(京都市)
1998年　晩秋

P35
竜安寺紅八重枝垂れ桜
(京都市)
2009年　春

P81
染谷花しょうぶ園
(さいたま市)
1995年　夏

P113
東北大学野草園
(仙台市)
2008年　夏

P149
談山神社十三重塔
(奈良県)
2003年　秋

P45
雲の鯉のぼり
(美瑛)
2004年　夏

P87
最上川尾花沢付近
1986年　早春

P121
安芸の宮島厳島神社
(広島県)
1989年　春

P157
廃材を集めた路面
(スペイン・バルセロ
ナの公園)
2006年　秋

P162
ヴォス教会
(ノルウェー)
2001年　初夏

P165
ファブリチオ橋(ローマ
の古代橋・B.C.62年)
2006年　秋

P170
シスト橋(ローマの古
代橋・A.C.4～15世紀)
2006年　秋

P173
親子の木、セブンス
ターの丘(合成)(美瑛)
2008年　初秋

P178
真如堂真正極楽寺三
重塔(京都市)
2008年　秋

P181
光悦寺(千本通・鷹峯)
光悦垣(京都市)
2008年　秋

P188
山居倉庫
(山形県酒田市)
2009年　春

P191
夏野菜とガーベラ
(さいたま市自宅)
2010年　夏

P199
平野屋提灯
(京都市鳥居本)
2010年　秋

P203
清凉寺嵯峨釈迦堂・
裏門(京都市)
2010年　秋

P211
安楽寺哲学の道
(京都市)
2011年　秋

P214
カムイワッカ湯の滝
(知床)
1998年　夏

P217
吉野山中千本桜
(奈良県)
1998年　春

P222
ロートホルンのミニ
SL(スイス)
2005年　夏

P225
浅草寺伝法院池の水
面の五重塔
2011年　秋

P229
上品蓮台寺・枝垂桜
(京都市)
2014年　春

P230
平野神社(西大路通)・
平野妹背桜(京都市)
2014年　春

P233
仁和寺(一条通)・大
沢桜(京都市)
2014年　春

P239
上品蓮台寺
(北区千本通)
枝垂れ桜(京都市)
2006年　春

241

感動をユーザーに

【参考文献】

・『都電が走った街　今昔』林順信（JTB キャンブックス）
・『都電が走った街　今昔Ⅱ』林順信（JTB キャンブックス）
・『飛竜隊秘話：悲運の翼』航士 59 期第 21 中隊飛竜隊秘話編集員会編（航士 59 期第 21 中隊飛竜隊秘話編集員会）
・『華胥の夢』髙柳健一（文芸社）
・『東武東上線各駅停車：武州いま・むかし』東上新聞社、長島喜平編（椿書院）
・『名機 250 選』帆足孝治（イカロス出版）
・『日本鉄道旅行地図帳　歴史編成　満洲・樺太』今尾恵介 / 原武史監修（新潮社）
・『でっか字東京詳細便利地図 23 区＋多摩』（昭文社）
・『でっか字 埼玉詳細便利地図』（昭文社）
・『国土地理院 2 万 5 千分の 1』昭和 16 年版、昭和 10 年版、他

【協力者】

・木村克治氏（旧東京トヨペット OB　第 7 期入社）
・鈴木浩氏（旧東京トヨペット OB　第 7 期入社）
・石川敏康氏（旧池袋第 5 小学校同級生　昭和 17 年入学　3 組）
・関口一喜氏（元日刊ゲンダイ社）
・黒澤利雄氏（埼玉トヨタ自動車 OB　昭和 46 年入社）
・早田カメラ（浅草・伝法院通り）

【主な撮影機材】

○プラウベル・マキナ 6 × 7	ニッコール	80mm F2.8
○プラウベル・マキナ 6 × 7W	ニッコール	55mm F4.5
○コンタックス G2	・プラナー	35mm F2.8
	・ビオゴン	28mm F2.8
	・ビオゴン	21mm F2.8
	・ホロゴン	16mm F8
	・バリオゾナー	35-70mm F3.5 〜 5.6
○スーパーイコンタ 6 × 9	テッサー	105mm F3.5
○ローライ 35	テッサー	50mm F3.5
○ニッコールマクロ		55mm F3.5
○フジカ 645Zi　6 × 4.5	SUPER EBC フジノン	55 〜 90mm ／ F4.5 〜 6.9
○フジ GF670　Professional 6 × 7、6 × 6		EBC フジノン 80mm F3.5
○フジ GA645W PRO 6 × 4.5W	SUPER フジノン	45mm F4.0

【著者】嶋田久仁彦

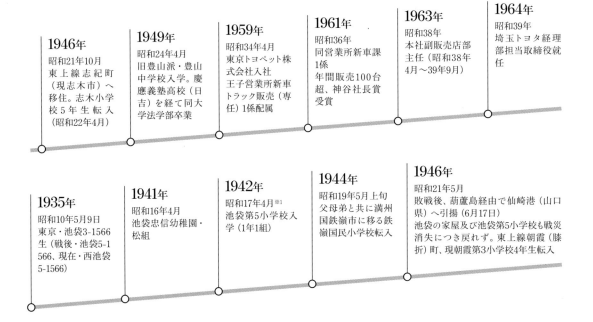

244

1946年
昭和21年10月
東上線志紀町（現志木市）へ移住。志木小学校5年生転入（昭和22年4月）

1949年
昭和24年4月
旧豊山派・豊山中学校入学。慶應義塾高校（日吉）を経て同大学法学部卒業

1959年
昭和34年4月
東京トヨペット株式会社入社
王子営業所新車トラック販売（専任）1係配属

1961年
昭和36年
同営業所新車課1係
年間販売100台超、神谷社長賞受賞

1963年
昭和38年
本社副販売店部主任（昭和38年4月～39年9月）

1964年
昭和39年
埼玉トヨタ経理部担当取締役就任

1935年
昭和10年5月9日
東京・池袋3-1566生（戦後・池袋5-1566、現在・西池袋5-1566）

1941年
昭和16年4月
池袋忠信幼稚園・松組

1942年
昭和17年4月※1
池袋第5小学校入学（1年1組）

1944年
昭和19年5月上旬
父母弟と共に満州国鉄嶺市に移る鉄嶺国民小学校転入

1946年
昭和21年5月
敗戦後、葫蘆島経由で仙崎港（山口県）へ引揚（6月17日）
池袋の家屋及び池袋第5小学校も戦災消失につき戻れず。東上線朝霞（膝折）町、現朝霞第3小学校4年生転入

※1 お詫び： 前回の自叙伝で小学校入学を「昭和16年4月」と記載致しましたが、昭和17年4月の誤りでした。

【特技】

○ハンダ付け、真空管ラヂオの修理組立

【趣味】

○生の演奏会（クラシック古典・ロマン派）昭和28年～平成～令和元年

　※カラヤンの初来日（昭和30年5月NHK交響楽団、日比谷公会堂）

○公民館活動（昭和28～33年）、調宮公園（旧浦和市）

○園芸：観音竹（30年）月下美人（25年）牡丹（30年）その他古典園芸

○日本酒歴（65年）：関東信越国税局主催唎酒会名人位3回取得（昭和、平成）

○鉄道全般：写真、乗車、軌道路線、時刻表

○模型鉄道HOサイズ車輌コレクター（日・欧［独・伊・墺］）

　・1932年型つばめC53・1,2,3等客車全編成15台（京都松本模型製品）かもめ・2,3等客車全編成、さくら・1,2等客車全編成、関連するSL他

　・オリエント急行車輌プルマン・ダイニングカー他50台

○音楽（72年）：クラシック（古典・ロマン派）レコード

○オーディオ（真空管：300B、6CA7、KT88）再生

○ドライブ：林道、山岳道路

○写真撮影（73年）：松竹大船で小津安二郎監督のスティールカメラを担当した細川貞彦氏に昭和37年頃から5年程風景撮影現場でコーチを受け勉強する

　撮影機材：昭和35～50年ニコン系、昭和53年ニッコール・マキナ6×7、その他コンタックスetc.

○国内外創作旅行企画プラン

【鉄道の軌間と模型鉄道の軌間との関連性の考察について】

A　国内の主な軌間（ゲージ）

1435mm 軌間（標準軌）の会社名

> JR・新幹線
>
> 京成電鉄
>
> 京浜急行電鉄
>
> 帝都高速度営団（銀座線・丸の内線）
>
> 都営地下鉄　　（浅草線：西馬込―押上）
>
> 　　　　　　　　（大江戸線：光が丘―都庁前
>
> 近畿日本鉄道
>
> 京阪電鉄
>
> 阪急電車
>
> 阪神電鉄

1067mm 軌間の会社名

> JR 全線
>
> 東武鉄道．西武鉄道．小田急電鉄．
>
> 東京急行電鉄．
>
> 京王帝都電鉄（井の頭線）
>
> 近畿日本鉄道（南大阪線）．名古屋鉄道．
>
> 南海鉄道．
>
> 帝都高速度営団（千代田線．有楽町線．
>
> 東西線．日比谷線．南北線）．
>
> 都営地下鉄（三田線）
>
> 　　　　　　（副都心線：和光市―渋谷）

1372mm 軌間の会社名

> 京王帝都電鉄
>
> 都営地下鉄　　（新宿線．新宿―本八幡）
>
> 都電荒川線

B　世界の軌間の中で広軌及び狭軌（ナロー）を採用している主な国（欧・ア）の例

国　別	名　称	軌間（mm）	
☆　ポルトガル	"アルファペンデュラー"	1668	リスボン―ポルトガル
☆　スペイン	"ユーロメッド"	1668	バルセロナ―バレンシア―アリカンテ
☆　フィンランド	"ペンドリーノ"	1520	ヘルシンキ―トゥルク
☆　ロシア	"ソュル"	1520	モスクワ―サント・ペテルグブルク
☆　アルジェリア		1055	コンスタンチーヌ―モハメディア
☆　ケニア	全長（2025km）	1000	モンバサ―ナイロビ
☆　南アフリカ	全長（21300km）	1067 610 762	

ゲージとスケールの組合せによる実物換算のレール軌間

名　称	レールmm	縮　尺	実物のレール幅
Z	6.5	1／220	1435
Nn2 1/2	7.0	1／150	
N	9.0	1／150（日本型）	1435
		1／160（新幹線）（欧米）	1067
		1／148（英国）	1435
TTS	9.0	1／120	
Sn2	10.5	1／64	610

名　称	レール mm	縮　尺	実物のレール幅
HOn3	10.5	1／87	914
TT	12.0	1／120	1435
☆ 12	12.0	1／87（欧米型）	1067
☆ 13	13.0	1／80（日本型）	1067
OO	16.5	1／76（英国型）	1435
HO	16.5	1／87（欧米型）	1435
16（HO）（J）	16.5	1／80（日本型）	1067
On3	16.5	1／48	762
S	22.5	1／60	1435
☆ OJ	24.0	1／45	1067（日本のみ）
0（0番）	32.0	1／45（世界共通）	1435
1番	45.0	1／30	1067
G	45.0	1／22.5	1000
	9.0	1／87（HOe）	762
	12.0	1／87（HOm）	1000

（　）は一般的な通称名

☆日本型 HO を 16 番と云う広い意味で HO と称する。

☆モデルのみタイプが多い（自作派）

資料：鉄道マニア基礎知識より他
　　　各模型メーカー取説より転記

ナローゲージ

世界（通称メーターゲージ）　　　　　　　　　　日本のナローゲージ

914	=	3 フィート
891	=	2 フィート 11
762	=	2 フィート 6
686	=	2 フィート 3
610	=	2 フィート

914	=	3 フィート
838	=	2 フィート 9
762	=	2 フィート 6
660	=	2 フィート 2
609	=	2 フィート

事例　　　O ゲージのナロー

762mm（実物）　×　1／45　＝　16.9　÷　16.5mm（軌間）

HO ゲージのナロー

762mm（実物）　×　1／87　＝　8.75　÷　9mm（軌間）

※　☐ 軌間可変車輌

注 1）「ナロー」
1．狭い（細い）部分、場所；小幅物
2．（谷間・通路・道路の）せばまった場所；《~s》《単数・複数扱い》海峡、瀬戸、河狭
3．《The Narrows》ナローズ海峡：NewYork 湾の Staten Island と Long Island 間の海峡

＜プログレッシブ英和中辞典＞

注 2）「狭軌」
鉄道路線の軌間が標準軌間より狭いもの。JR では新幹線を除くほとんどの在来線に使用し、1067 ミリのものが多い。　→　広軌

＜大辞泉＞

☆　鉄道模型ファンのタイプ別パターン　A

製作派　○　自作

　　　　○　メーカーキット

　　　　○　自作＋パーツメーカー

　　　　　　ペーパー．金属系．プラ系　　⇒　○　動力

　　　　　　　　　　　　　　　　　　　　　○　飾り（モーターなし）

　　　　○　鉄道レイアウト製作　（ジオラマ・卓上型ジオラマ）

☆　鉄道模型ファンのタイプ別パターン　B

走行．コレクション派

　　　○　無差別

　　　○　電車系　　特急・急行派

　　　○　機関車等．SL．EL．DL

　　　○　路面電車．ローカル

　　　○　国鉄 JR 等

　　　○　私鉄

　　　○　外国系

　　　○　優等列車．長距離特急（ブルートレイン）

　　　○　ナローゲージ（路面・山岳系）

☆　鉄道模型ファンのタイプ別パターン　C

ゲージ別

　　　○　N

　　　○　12．13

　　　○　HO（16番）

　　　○　1番．G

　　　○　3インチ以上

　　　○　ライヴスチーム

模型鉄道の軌間（ゲージ）

通称	Z	N	12	13	HO	O	OJ	1	G
ゲージ mm ／ スケール	6.5	9.0	12	13	16.5	32	24	45	45
日本型	1／220	1／150 1／160 （新幹線）	1／87	1／80	1／80	1／45	1／45	1／30	－
欧州型	1／220	1／160	1／87 HOm	・	1／87	1／45	－	1／32	1／22.5
米国型	1／220	1／160	1／120 TT	・	1／87	1／48	－	1／32	1／29
英国型	1／220	1／148		・	1／76	1／48	－	1／32	－

【レンズ焦点距離換算表（近似値）】

フィルム サイズ	対角線長	焦点距離（mm）								
35mm	43mm	20	24	28	35	50	105	135	200	300
6×4.5	70mm	32	39	45	56	80	170	215	320	480
6×6	79mm	37	44	51	64	92	190	250	365	550
6×7	89mm	41	49	58	72	105	215	280	410	620
6×8	94mm	44	52	61	76	110	230	295	435	655
6×9	99mm	46	55	64	80	115	240	310	460	690
6×12	125mm	58	70	80	100	145	305	390	580	870

※シリーズ日本カメラ No.96「風景を写す」より

【画角換算スケール】

対角線画角	35ミリ		645		6×7	
0°	2000ミリ	1.2°				
	1200ミリ	2.1°				
	1000ミリ	2.5°				
	600ミリ	4.1°				
	500ミリ	5.0°			1000ミリ	5.1°
	400ミリ	6.2°	600ミリ	6.6°	800ミリ	6.4°
	300ミリ	8.2°			600ミリ	8.5°
10.0°					500ミリ	10.2°
	200ミリ	12.5°			400ミリ	12.5°
			300ミリ	13.5°		
					300ミリ	17.0°
	135ミリ	18.0°				
20.0°			200ミリ	20.0°		
	100ミリ	24.5°			200ミリ	25.0°
			150ミリ	26.0°		
	85ミリ	28.5°				

【画角換算スケール】

対角線画角	35 ミリ		645		6 × 7	
30.0°					165 ミリ	30.0°
			120 ミリ	32.5°		
					135 ミリ	36.5°
40.0°						
					105 ミリ	46.0°
	50 ミリ	47.0°				
50.0°			75 ミリ	50.0°		
					90 ミリ	53.0°
60.0°	35 ミリ	63.0°			75 ミリ	61.0°
			55 ミリ	65.0°		
70.0°						
	28 ミリ	75.0°	45 ミリ	76.0°	55 ミリ	78.0°
80.0°						
	24 ミリ	84.0°				
90.0°			35 ミリ	90.0°	45 ミリ	89.0°
	20 ミリ	94.0°				
100.0°						
	15 ミリ	111.0°				

【印画紙・用紙サイズ】

印画紙サイズ	
大名刺	65 × 90
手札	83 × 108
4 × 5	102 × 127
ポストカード	100 × 148
キャビネ	120 × 165
大キャビネ	130 × 180
8切	165 × 216
6切	203 × 254
4切	254 × 305
大4切	279 × 356
半切	356 × 432
全紙	457 × 560
大全紙	508 × 610

※単位は mm

用紙サイズ			
A0	841 × 1189	B0	1030 × 1456
A1	594 × 841	B1	728 × 1030
A2	420 × 594	B2	515 × 728
A3	297 × 420	B3	364 × 515
A4	210 × 297	B4	257 × 364
A5	148 × 210	B5	182 × 257
A6	105 × 148	B6	128 × 182
A7	74 × 105	B7	91 × 128
A8	52 × 74	B8	64 × 91

フィルムサイズ					
110（ワンテン）	13 × 17	6 × 7		56 × 70
35ミリ	24 × 36	6 × 9		56 × 82
645	41.5 × 56	4 × 5		100 × 125
6 × 6	56 × 56	8 × 10		200 × 250

あとがき

　毎日新聞（2017.9 夕刊）に都内の坂を紹介する記事が掲載されていたのを読後、自身の自叙伝前著に入っていない内容に気付きました。

　当初は、武蔵野銀行様に依頼されて 2018 年の同行カレンダーに提供した 12 枚の写真に合わせた 12 編の拙文を編纂する発想でしたが、徒然なるままに筆を進めましたところ、いつのまにか 3 年が過ぎ 26 編にて校了となりました。周囲からのお勧めもあり、写真集の代わりも兼ねて 43 枚の写真を掲載いたしました。休息コーナーのつもりが、お邪魔なくらいのボリュームになってしまいましたが、如何でしたでしょうか。

　前回とは異なり新聞連載ではないので、執筆と 10 日位の間を置いて自分で見直し、校正を繰り返しました。80 余年を思い返しての日時、地名、氏名となると、記憶だけでは困難を極め、自己確認を繰り返しました。

　当社秘書グループリーダーの篠崎賢一氏並びにメンバーには、限りなく面倒なワープロ作業や行間直しを依頼しました。また、当社 OB の黒澤利雄氏には真夏の猛暑の中、東京の坂の写真撮影をお願いしました。

　製本・印刷は武蔵野銀行本店武蔵野会でお世話になっている望月印刷株式会社様に

お願いいたしました。代表取締役社長の望月諭様のご祖父にあたる本店武蔵野会副会長の望月憲様には、長年のご交誼にあずかりましたご縁があります。今回も素人の作品を丁寧に製本いただき、特に写真の色に関しましては写真集並みに鮮やかに仕上げていただきました。担当していただきました同社営業部の海東朗氏には総てお世話になり、感謝感激以外の何ものでもありません。大変よくやっていただき、創業した望月憲会長の見えないお力添えの賜物と思っています。

　出版販売は株式会社さきたま出版会にお願いいたしました。取締役会長の星野和央様とは、永年私が会長を務めました講談師六代目「宝井馬琴埼玉を語る会」におきまして、講談の資料をいただきました誼みです。

　最後になりますが、文中物故された方々のご冥福をお祈り申し上げご挨拶といたします。

　ありがとうございました。

2021年6月

嶋田　久仁彦

カウンター江戸前割烹
「かめ井」(浦和仲町)にて

埼玉トヨタ自動車株式会社　本社

先に発刊しました『感動をユーザーに』（埼玉新聞社）には、各業界より感想をお寄せいただきありがとうございました。そのような中に私より8歳年上の弊社OBからのお手紙がありました。当時の弊社の状況を知るうえでも貴重な歴史的な証言もあり、ご本人に承諾をいただき、以下に全文を原文のまま掲載させていただきます。固有名称、氏名、年代等、注記を入れましたので参考として下さい。

　　謹啓
　　此の度、ご恵贈賜りました「感動をユーザーに」を読み終りました。素晴らしい内容に感服です。そして私も一社員として埼玉トヨタで活躍出来た事を誇りに思いました。就いては私もその思い出を少し語らせて頂き度く、僭越乍らお忙しいお方に御迷惑と存じ上げますがお許し下さい。

　　私は御社に入社したのは昭和29年4月でした。当時、蓮田からお通いの木村サービス部長さんの紹介でした。（私の父が岩槻でトラック運送業をやっていた頃の同業者だった誼みのご厚意で採用されました）まだ戦後の混沌とした時代でしたから生業に就くのは大変でした。
　　私も大宮工業学校や専修大学短大、それも夜間部で苦学しながら昼は与野に有った金剛製作所（注1）と云う会社で自動車製造の仕事をしたりそこが給料遅配でおかしくなって来て、辞めて東京は板橋にあった元、陸軍第一造兵廠跡の米軍車両工

場で朝鮮戦争で使った戦車や自動車の再生修理等をやっていた揚句でした[注2]。

　そして御社サービス部に入社させて頂いた訳です。

　熊谷営業所[注3]が出来たばかりの時でしたが暫く経つと新規大卒者が大勢採用されて来て私もそれ等の人の工場研修指導もやりましたが皆さんはその後、セールスを経て各々上級職に転じて行かれました。後にサービス部長として私の上司に成られた石嶋さん[注4]もそうでしたが、小島さん達も含めてそれ等の方々の努力はすごかったと思います。

　それから、私が光衛前会長に初めてお会いしたのは、技術課に居た頃、リコールでカリーナのブレーキパイプ交換が発生した時、当時の販拡課長だった木村さん[注5]に呼ばれて新聞記者に合わされた事がありました。私はユーザーに余計な心配を掛けまいと云う一心で内容説明をしましたがその新聞記事が元で、当時の国保サービス部長[注6]に叱られました。ベラベラしゃべるんじゃない!!　社長に謝れッと光衛社長の前へ連れてゆかれ頭を押し下げられた事がありました。その時、社長はだまってニコニコされていましたが国保さんも律儀な方でした。

　次に、貴、久仁彦様に初めてお会いしたのは私がサービス工場のフロントマンの時でした。大型トラックの故障多発やトラブル処理で苦労し乍ら残業していた時、貴方がフロント小屋[注7]へ立ち寄られて声を掛けられました。東京トヨペットで販売係

長か何か^(注8)をされているとの事でしたが勇気を頂きました。その後、埼玉トヨタへ来られてからは何回も飲みに連れて行かれ、気を遣って頂き有難うございました。

　光剛社長にはまだお会いした事はございませんが永い間、オーナー様のご努力のお陰で我々社員の生活をお守り頂けた御庇護に改めて感謝申し上げます。

　そして最後の定年迄の五年間を本社営業所長として勤め上げられた事は販売会社に勤めた以上営業部門を経験出来て本望でした。退職後はラッキーなことに査定協会へ移行できて、販売業界や整備振興会等を外界的に観る事が出来まして幸いでした。疋田前会長には支所長として協会の事務報告で毎月の様に古巣の埼玉トヨタを訪問出来ました。然しこれ迄も社員の不幸や悪い事件もありましたがその後の私は埼玉日産の八山社長や埼玉トヨペットの平沼様にも大変お世話に成り有難いことでした。思いは盡きませんが以上ご報告申し上げて御礼に換えさせて頂きます。貴殿も後に査定協会支所長を就任頂いたこと、当然のご縁です。

　お陰様で私共夫婦も元気でレクサスCT200hを愛用させて頂いて居ります。

敬具

平成29年2月吉日

伊草英男

嶋田久仁彦会長机下

（原文のまま）

（注1）旧与野市鈴谷にあった大型トラックのボデー架装工場。跡地は現在さいたま市保健所になっている。旧与野には国道17号沿いに車輌架装工場が集まっていた。埼玉ボデー、シズカボデー等。茂木鉄工所も小型の荷台の幌を作成していた。

（注2）都内の板橋区には戦前は陸軍造兵廠（兵器、被服、火薬庫）が数多くあった。現在の西が丘、桐ケ丘、赤羽台辺りである。環状7号線の北になる。伊草英男氏が金剛製作所を退社して勤務したのは、現在は星美学園になり、その下をトンネルで埼京線や東北・上越などの新幹線が走っている場所である。戦後は米軍に接収され、私が中学1年から高校1年の頃、通学の乗り換え駅である赤羽駅の京浜東北線の通称「高いホーム」の北寄りの階段から、台地の上の工場に置いてある多数の壊れた米軍の戦車がよく見えた。キャタピラーのないもの、砲塔のないもの、2週間くらいで並び方が変わった。当時の視力は2.0を超えていたので詳細に見えた。

（注3）当社二つ目の店舗。昭和29（1954）年設立。

（注4）石嶋守雄氏。昭和32（1957）年入社。日本大学卒。常務取締役車輌本部長在任当時、私の後任として埼玉トヨタフォークリフトの社長に転籍した。

（注5）木村実氏。早稲田高等部卒。販売拡張課長当時、トヨタオート東埼玉（現ネッツトヨタ東埼玉）の設立支援の為、転籍した。

（注6）国保清氏。早稲田大学卒。戦前は東京トヨタ営業部勤務。当社では初代産業車輌部長、取締役川口営業所長、本部サービス部長、総務部長、監査役を歴任。

（注7）昭和39（1964）年に二代目の本社建築時、建設現場に用意した建物で、本社工事完了後、本社サービス課の事務所として、本社別館が完成するまでのあいだ流用していたプレハブ建物。

（注8）正確には、東京トヨペットに当時14社あった副販売店（サブディーラー）の担当員。

カーディーラー・セールスと経営　61年の語り
感動をユーザーに　続編

2021(令和3)年12月1日　初版第1刷発行

著　　　者　　嶋田 久仁彦
撮　　　影　　嶋田 久仁彦／黒澤 利雄
編　　　集　　篠崎 賢一／山田 智也／海東 朗
デ ザ イ ン　　椎野 雅代／古川 由徳
発　売　元　　株式会社 さきたま出版会
　　　　　　　〒336-0022 さいたま市南区白幡 3-6-10
　　　　　　　電話 048-711-8041　振替 00150-9-40787
発　行　所　　埼玉トヨタ自動車株式会社
　　　　　　　〒338-0002 さいたま市中央区下落合 6-1-18
　　　　　　　電話 048-833-2111　URL https://www.saitamatoyota.co.jp
印刷・製本　　望月印刷株式会社